슬기바다 05

명심보감

추적(秋適) 엮음 │ 백선혜 옮김

홍익

.
.
.

《명심보감》을 펴내며

언젠가 《내가 배워야 할 모든 것은 유치원에서 배웠다》라는 제목의 책을 본 기억이 난다. 사람이 살아가면서 해야 할 일과 하지 말아야 할 일들은 어쩌면 몇 안 되는 아주 간단한 일인지도 모른다.

이 책은 사백여 년 동안 사람들 속에서 해야 할 일과 하지 말아야 할 일들을 조용히 비추어 주었다. 어떤 사람들이 그 거울에 자신을 비춰 보고 삶을 가다듬었는지 알 수 없지만, 그 오랜 세월의 무게를 견디며 지금까지 이어져 온 데에는 무언가 인간의 삶을 이끌어 줄 수 있는 힘이 있었기 때문이라는 생각이 든다. 매일 아침 거울 속에 비치는 모습이 사람마다 다르듯 '보배거울'에 비추는 마음도 모두 다를 것이다. 그리고 거기에 비추는 마음을 어떻게 가꾸어 갈지는 각자에게 달린 고유한 몫이리라.

이 책을 읽다 보면 마치 다른 시대를 살다 간 여러 사람들이 다시 살아나 옆에 나란히 줄을 서 있다가 가르침의 말을 전하고는 다시 제자리로 들어가는 듯하다. 공자가 나와서 "착한 일을 하는 사람은 하늘이 복을 내리고, 나쁜 일을 하는 사람은 하늘이 재앙을 내린다"라고 말하고 들어가면, 장자가 "나쁜 일을 해서 세상에 이름을 드러낸다면 사람이 해치지 않더라도 하늘이 반드시 죽일 것이다"라고 말하고는 들어간다. 다른 시대를 살았고 사상의 내용도 달랐던 두 사람이 똑같은 말을 하고 있는 것이다.

　아주 오래전에 살았던 사람의 말인데도 지금 내 마음에 다가오는 말도 있고, 또 그 사람이 살았던 시대에는 맞는 말이었는지 몰라도 지금은 아닌 것 같은 말들도 있다. 어느 경우든 거울이 되어 나를 바로 볼 수 있게 해준다면 이 책의 의미와 가치는 충분하리라.

　이 책을 옮기며, 새로운 시대에 맞는 젊은 감각으로 고전을 옮기자는 출판사의 기획 의도에 맞추어 나름대로 고어 투를 벗기고 현대적 언어로 쉽게 다가올 수 있도록 최선을 다했다. 그리고 '알 수 없다'고만 언급되던 도교 관련 항목들도 찾아 밝혀 주었다. 시는 운율에 맞추어 시의 맛이 살아나게 하려고 고심했다.

　막상 옮긴이의 손을 떠난다고 생각하니 부끄럽고 두렵다. 다만 하나의 글귀라도 독자들의 마음에 다가갈 수 있었으면 하는 바람이다.

이제 '마음을 밝혀주는 보배로운 거울'은 이 책을 읽는 모든 독자의 가슴에 평생 동안 보물로 간직될 것이다.

꼭 그렇게 되기를 바라면서, 지난 반년 동안 이 책의 번역에 매달려왔다. 고전을 읽는 참 맛이 거기 있지 않은가. 평생 동안의 보물 같은 교훈 말이다.

《명심보감》이야말로 그러기에 조금도 부족함이 없는 책임을 다시 한번 절감하면서, 독자 여러분의 사랑을 기다린다.

옮긴이 백선혜 삼가 적다

明心寶鑑序

明心寶鑑者何爲而作也古之人<small>高麗侍中 露堂秋適</small>憂

後學之徇利忘義而作也盖人之生有天命之

性有氣質之性天命之性則道心之謂也氣質

之性則人心之謂也道心者仁義禮智性命之

正人心者知覺運動形氣之私行其正則不求

利而自無不利徇其私則求利未得而害已隨

之朕人心惟危道心惟微必察於二者之間而

惟精惟一使惻隱羞惡辭讓是非之心擴充而

爲一身之主口鼻耳目四肢百體之欲禁止而

《명심보감》 대구 인흥재사본(仁興齋舍本)

마음을 밝혀주는 보배로운 거울,《명심보감》

1. 책 이름

　누구나 한 번쯤은《명심보감》이라는 책 이름을 들어보았을 것이다. 명심보감은 '밝히다'라는 뜻의 명(明)과 '마음'이라는 뜻의 심(心)과 '보배', '보물'이라는 뜻의 보(寶)와 '거울'이라는 뜻의 감(鑑)자로 이루어져 있다. 그렇다면 명심보감이란 '마음을 밝혀주는 보배로운 거울'이라는 뜻이 된다.

2. 책 속의 사람, 책 속의 책

　책 이름에서 드러나듯이《명심보감》은 삶의 교훈서이다. 한 사람이 일관된 주제로 정연한 논리를 펴는 것이 아니라 여러 사람들이 한 말과 전적 속에서 교훈이 될 만한 것을 골라서 편집하는 체이다. 여기에 인용되는 인물과 저작은 매우 광범위하다. 공자·맹자 등의 유가 사상가, 장자·열자 등의 도가 사상가, 태공·사마광 등의 정치가, 당 태종·송 휘종 등의 제왕들, 도연명·소동파 등의 문인들, 주돈이·정호·정이·주희 등의 유명한 송대 성리학자들, 동악성제·재동제군 등의 다른 교훈서에서는 볼 수 없는 도교

제자를 가르치는 공자

의 신선들에 이르기까지 다양한 분야에 걸친 많은 사람들의 금언
과 격언과 좌우명들이 실려 있다.

그리고 인용되는 저작물도 상당히 다양하다. 중국의 오래된 서
적인 《시경》(최초의 시집), 《서경》(최초의 정부문서), 《주역》(점술
서), 선진시대 유가 사상의 선구자인 공자의 어록집 《논어》, 각종
예의에 관한 학설들을 모아 놓은 《예기》, 역사서로 가장 저명한
《사기》와 《한서》, 도가 계열의 저작 《소서》, 아동학습서인 《동몽
훈》과 《안씨가훈》, 송대 《근사록》과 《성리서》라고 통칭하여 말
한 성리학의 저작들, 송대 소옹이 엮은 시집인 《이천격양집》, 민
간의 기담을 모아 놓은 《설원》, 《이견지》 등의 기담집에서부터
지금은 전하지 않는 《경행록》, 《익지서》에 이르기까지 다양한 책
들이 발췌본으로 쓰이고 있다.

3. 판본과 구성

지금 우리가 보고 있는《명심보감》은 고려시대 추적(秋適)이라는 사람이 엮은 초략본 19편에 5편의 글이 증보된 증보편이다.(초략본이라고 하는 이유는 원본이 앞서 있었기 때문이다.) 우리나라에서는 엮은이가 추적이라는 사실도 모르는 채 초략본이 오랫동안 읽히다가 증보편이 유포되었다.

도연명의 풍취를 담은 《연명취귀도》

추적의 초략본은 다음과 같이 구성되어 있다.

'착하게 살라'는 뜻의 〈계선〉(繼善)이 10장으로, '하늘을 두려워하라'는 〈천명〉(天命) 7장, '천명을 따르라'는 〈순명〉(順命) 5장, '효도를 하라'는 〈효행〉(孝行) 6장, '몸을 바르게 하라'는 〈정기〉(正己) 26장, '분수를 받아들이라'는 〈안분〉(安分) 7장, '마음을 보존하라'는 〈존심〉(存心) 20장, '성품을 경계하라'는 〈계성〉(戒性) 9장(10장으로 나눌 수도 있다), '부지런히 배우라'는 〈근학〉(勤學) 8장, '자식을 가르치라'는 〈훈자〉(訓子) 10장, '마음을 살피라'는 〈성심〉(省心) 90장(상편 55장, 하편 35장), '가르침을 세우라'는 〈입교〉(立敎) 15장, '정치를 잘하라'는 〈치정〉(治政) 8장, '집안을

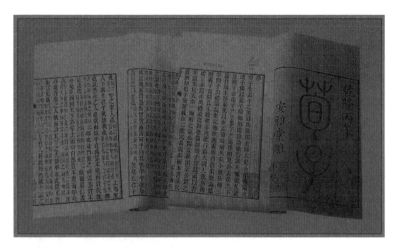
성악설로 대표되는 순자의 저서《순자》

잘 다스리라'는 〈치가〉(治家) 8장, '의리 있게 살라'는 〈안의〉(安義) 3장, '예절을 따르라'는 〈준례〉(遵禮) 7장, '말을 조심하라'는 〈언어〉(言語) 7장, '친구를 잘 사귀라'는 〈교우〉(交友) 8장, '훌륭한 여성이 되라'는 〈부행〉(婦行) 8장으로 모두 19편(〈성심〉을 상·하편으로 나눌 경우에는 20편) 262장(〈계 성〉을 10장으로 나눌 경우에는 263장)으로 구성되어 있다.

증보편은 '덧붙임'이라는 뜻의 〈증보〉(增補) 2장, '반성을 위한 여덟 곡의 노래'인 〈팔반가팔수〉(八反歌八首) 8장, '효도를 하라 속편'이라는 뜻의 〈효행 속〉(孝行 續) 3장, '청렴하게 살라'는 〈염의〉(廉義) 3장, '배움을 권장한다'는 뜻의 〈권학〉(勸學) 4장으로 구성되어 있으며 모두 5편 20장이다.

4. 엮은이와 전승과정

《명심보감》은 오랫동안 사람들에게 읽혀졌지만 정작 엮은이가 누구인지는 알지 못했다. 지금까지 알려진 사실을 정리하면 다음과 같다. 중국 명나라 때의 학자인 범립본(范立本)이 1393년 처음으로 《명심보감》(상하 2권)을 엮었다. 이것을 원본으로 해서 고려시대 충렬왕 때 추적이 내용을 가리고 추려서 새로 《명심보감》을 만들었으며 이것이 우리나라에 유포되기 시작하였다. 이 추적의 초략본이 많은 사람들에게 읽히며 전해 내려오는 가운데 다시 5편의 글이 더 증보되었다. 지금의 통행본이 바로 이것이다.

그런데 이러한 사실이 알려지게 된 과정은 위에서 서술된 사항과 거꾸로이다. 제일 처음에는 엮은이가 누구인지 전혀 알려지지 않은 채로 초략본이 유통되고 있었다. 그러다가 대구(大邱)의 인흥재사본(仁興齋舍本)이 유포되면서 엮은이가 추적이라는 것이 알려지게 되었다. 그 뒤에 성균관 대학교 이우성(李佑成) 교수에 의해 청주판(淸州版) 《신간교정대자명심보감》(新刊校正大字明心寶鑑)이 발견됨으로써 초략본의 원본이 있다는 사실과 원본의 엮은이가 범립본이라는 사실이 알려지게 되었다.

위의 사실을 바탕으로 《명심보감》을 세 층차로 나누어 볼 수 있다. 첫째, 중국 명나라 때 범립본이 엮은 원본 《명심보감》이다. 둘째, 원본을 토대로 추적의 손에서 새롭게 엮어져 우리나라에 통행된 초략본 《명심보감》이다. 셋째, 추적의 초략본이 통행되다

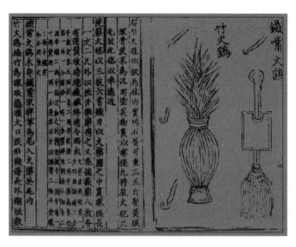

갈홍의 도교 이론서(《포박자》)

가 누군가에 의해 5편이 덧붙여진 증보편 《명심보감》이다.

범립본의 《명심보감》은 최근에 와서 밝혀진 것으로 추적의 원본으로서 먼저 있었다는 의미 외에 다른 큰 의미를 부여할 수는 없다. 오히려 우리나라에 광범위하게 통행되며 오랫동안 전해 온 추적의 초략본이 훨씬 더 중요하다. 그리고 초략본의 내용을 숙지한 누군가에 의해 내용이 더 보강되어 이루어진 증보편이 더 중요하다. 초략본은 중국의 것뿐이지만 증보편에는 우리나라의 사례가 등장하기 때문이다. 책이 삶과 동떨어져 있어서는 아무런 의미가 없다. 증보편에서 우리는 책이 삶에 영향을 주고 삶이 다시 책을 더 살찌운 훌륭한 증거를 볼 수 있다. 그런 의미에서 《명심보감》은 앞으로도 얼마든지 새롭게 덧붙여져 그 생명을 더해 갈 수 있는 책이라고 말할 수 있다.

5. 추적은 어떤 사람인가?

추적에 관한 기록은 《고려사》(高麗史) 106권 〈열전〉(列傳) 19권에 실려 있다. 그 내용을 옮겨보면 다음과 같다.

"추적은 충렬왕 때 사람인데 성격이 활달하고 거침새가 없었다. 과거에 급제하여 안동(安東) 서기(書記)로 임명되었다가 직사관(直史館)으로 선발되었으며 그후 여러 관직들을 거쳐 좌사간(左司諫)이 되었다. 환관 황석량(黃石良)이 연줄로 세력을 얻게 되었는데 자신의 권세를 이용하여 그의 고향인 합덕부곡(合德部曲)을 현(縣)으로 승격시켰다. 이 때문에 추적은 그 문서에 서명을 하지 않았다. 그래서 황석량은 궁중의 낮은 벼슬아치인 석천보(石天補), 김광연(金光衍)과 함께 기회를 틈타 왕에게 추적을 참소하였다. 왕이 화를 내며 즉시 그를 칼 씌워 순마소에 가두라고 명령하였다. 그를 호송하는 자가 추적에게 '지름길로 가는 것이 좋겠습니다'라고 말하였는데 추적이 거절하며 '무릇 죄가 있는 자는 모두 해당 관청으로 가는 법이다. 왕의 처소에서 칼과 철쇄를 씌우는 법은 없다. 나는 마땅히 네거리로 지나가서 나라 사람들에게 이 모양을 보여야 한다. 간관(諫官)으로서 칼을 쓰고 가는 것을 영광이라고 생각한다. 그런데 왜 아이들이나 여자들처럼 얼굴을 가리우고 선비로서의 체면을 버리겠는가?'라고 말하였다. 그는 관직이 민부상서, 예문관제학에 이르러서 관직에서 물러나게 되었다. 그는 늙어서도 밥을 잘 먹었는데 항상 '손님 대접은 쌀

밥이나 무르게 짓고 생선을 썰어서 국이라도 끓이면 충분하지 무엇
하러 많은 돈을 써가며 팔진(八珍: 여덟 가지 진미)을 구해 올 필요가 있
겠는가'라고 말하였다."

위의 기록을 참고로 추적이란 인물을 그려본다면 우선 공인(公
人)으로서 추적은 공명정대한 인물이었던 것 같다. 좌사간이란
벼슬은 임금의 잘못을 지적하며 고치라고 말할 수 있는 자리로서
공명정대함을 공증받은 사람만이 맡을 수 있는 자리였다. 황석량
의 무고한 참소로 감옥에 갇혔을 때 한치의 물러섬도 없이 당당
한 모습을 보이는 추적에게서 진정한 선비상을 엿볼 수 있다.

한 가정 안에서의 추적은 검소하고 청렴한 인물이었던 것 같
다. 손님 대접은 쌀밥에 생선이면 충분하다는 그의 말에서 우리

도가에서 꿈꾸던 무릉도원(원강의 《도화형》)

는 그런 추적의 사람됨을 짐작할 수 있다. 예문관제학이라는 고위직까지 올랐던 사람으로서 쉽게 지닐 수 없는 소박하고 검소한 태도라고 할 수 있다.

6. 이 시대에 주는 의미

《명심보감》은 400여 년을 지탱해 온 책이다. 그것은 시대를 뛰어넘는 무언가 보편적 가치를 지니기 때문에 가능하다. 서당교육이 이루어지던 당시에는 《천자문》과 《사자소학》을 뗀 아이들에게 사람이 살아가면서 기본적으로 지켜야 할 덕목들을 가르쳐 주던 교재였다. 그 이후 교육제도가 바뀌어도 《명심보감》은 여전히

조선의 화가가 그린 이상향(안견의 《몽유도원도》)

삶의 지침서로서의 자리를 굳건히 지켜왔다.

사람은 누구나 태어나면서부터 부모와 자식, 형과 아우, 남편과 아내의 관계에서부터 더 나아가 친구와 친구, 스승과 제자, 윗사람과 아랫사람 등의 수많은 관계를 맺게 된다. 《명심보감》은 바로 그러한 기본적인 인간관계 안에서 말하고 있다. 자식으로서, 부모로서, 형으로서, 아우로서, 아내로서, 친구로서, 제자로서, 한 가정 안에서든 사회 안에서든 윗사람으로서, 무엇보다 자신의 삶을 책임있게 꾸려가야 할 한 사람으로서 어떻게 해야 하는지를 다양한 형식으로 생각하게 해준다.

물론 《명심보감》이 바탕으로 하고 있는 인간관계가 지금과 동일하지는 않다. 임금과 신하로서의 관계를 지금 다시 논한다면 시대착오적일 것이다. 그리고 인간의 삶을 규정하는 눈에 보이지

않는 존재로서 믿어졌던 하늘 또는 천명 개념도 지금과 맞지 않다. 여성으로서 지녀야 할 덕목은 세세하면서도 남성으로서 어떻게 하라는 말은 찾기 힘든 점도 생각해 볼 문제이다.

우리는 《명심보감》 속에서 삶의 요소에서 확인해 볼 수 있는 보편적인 가치와 함께 그 시대에만 한정되는 한계성을 발견할 수 있다. 사람에 따라 마음에 소롯이 와닿는 구절이 어떤 사람에게는 이건 지금과 맞지 않는 말이야 하고 소리칠 수도 있을 것이다. 어떠한 경우든 그것을 어떻게 받아들여 자신의 삶을 변화시키는가 하는 문제는 읽는 이에게 달린 고유한 몫이리라.

1. 착하게 살아라[繼善]

계(繼)는 이어간다는 뜻이며 선(善)은 착하다는 뜻이다.
이 편은 모두 10장으로 구성되어 있으며 착하게 살아갈 것을 권유하고 있다.

1
착한 일을 하는 사람은 하늘이 복을 내리고,
나쁜 일을 하는 사람은 하늘이 재앙을 내린다. (공자[1])

2
착한 일은 아무리 작더라도 반드시 하고
나쁜 일은 아무리 작더라도 결코 하면 안 된다.
(한나라 소열황제[2]가 죽음을 앞두고 아들에게)

3
하루라도 착한 일을 생각하지 않으면
온갖 나쁜 일이 저절로 생겨난다. (장자[3])

4

착한 일을 보거든 목마른 사람이 물을 마시듯이 하고,

나쁜 일을 듣거든 귀머거리가 된 듯이 하라.

또 착한 일은 욕심을 부려 하고 나쁜 일은 즐거워하지 말라.

(태공[4])

5

평생토록 착한 일을 했어도 착함은 한없이 모자라고,

단 하루 나쁜 일을 했어도 나쁨은 차고 넘칠 정도로 많다. (마원[5])

6

돈을 모아 자손에게 남겨 줘도 자손이 다 지켜내지 못한다.

책을 모아 자손에게 남겨 줘도 자손이 다 읽지 못한다.

남 몰래 착한 일을 많이 쌓아 자손을 위하여 앞날을 계획하는
일이 훨씬 더 낫다. (사마온공[6])

7

사람들에게 은혜와 의리를 두루두루 베풀며 살아라.

사람이 살다 보면 어느 곳에서든 서로 만나기 마련이다.

사람들과 원수지간이 되지 말아라.

좁은 길에서 서로 만나면 피해가기 어렵다. (《경행록》[7])

8

나를 착하게 대하는 사람에게 나도 착하게 대하고,

나를 나쁘게 대하는 사람에게도 역시 착하게 대하라.

내가 그 사람을 나쁘게 대하지 않았다면

그 사람도 나에게 나쁘게 대하지 않는다. (장자)

9

어느 하루 착한 일을 했다고 복이 곧 오지는 않겠지만 화는 저절로 멀어진다.

어느 하루 나쁜 일을 했다고 화가 곧 오지는 않겠지만 복은 저절로 멀어진다.

착한 일을 하는 사람은 봄동산의 풀처럼 자라는 것이 보이지는 않지만 매일 자라는 것과 같다.

나쁜 일을 하는 사람은 칼을 가는 숫돌처럼 닳아 없어지는 것이 보이지는 않지만 매일 줄어드는 것과 같다. (동악성제[8]의 〈수훈〉[9])

10

착한 일을 보거든 자신은 아직도 부족한 듯이 하고

나쁜 일을 보거든 끓는 물을 만지듯이 하라. (공자)

1. 공자(孔子)는 중국 춘추시대 말기 노(魯)나라 추읍(鄹邑)에서 태어난 사상가이다. 어머니가 니구산(尼丘山)에 빌어서 낳아 이름이 구(丘)이며 자는 중니(仲尼)이다. 중(仲)이란 형제 사이의 서열을 나타내는 말로 '둘째'라는 뜻이다.

공자가 세상에 태어난 지 얼마 안 되어 곧 부친이 세상을 떠나 집안이 몹시 가난했다. 공자는 청소년기를 다른 사람의 식량을 관리하기도 하고 가축을 기르기도 하고 여러 가지 잡다한 일을 하며 보냈다. 성년이 된 후에 후학들을 모아 학문을 가르치기 시작하면서 점차 이름이 알려졌다.

그는 자신이 생각하는 이상적인 정치를 펼칠 기회를 얻으려 했지만 51세에 이르러서야 비로소 관직을 얻을 수 있었다. 노나라의 중도재(中都宰), 사공(司空), 사구(司寇) 등의 직책을 차례로 담당했다. 그러나 몇 년 지나지 않아 당시의 집권자들과 정치적 견해가 서로 맞지 않아 사직하고 제자들을 이끌고 여러 나라를 돌아다니며 이상적인 정치를 가르쳤다. 생활난으로 정처없이 떠돌아 다녀 사람들로부터 '상가집의 개'라고 불리기도 했다.

68세에 이르러 그는 10여 년의 유랑생활을 끝내고 노나라로 돌아와 학생들을 가르치는 데 전력을 다하는 한편 예(禮), 악(樂), 시(詩), 서(書), 역(易), 춘추(春秋) 등의 옛 문헌들을 정리하였다. 기원전 479년에 세상을 떠났으니 향년 73세였다. 그의 가르침은 '인'(仁), 한 글자로 요약할 수 있다. 나중에 제자들이 그의 언행을 기록하여 《논어》(論語)를 정리하였다. 우리가 성인(聖人)이라고 알고 있는 공자가 자신을 다만 '열심히 공부하는 사람'이라고 소개하는 내용이 《논어》〈술이〉(述而)에 실려 있다. 그 자세한 내용은 다음과 같다. 초(楚)나라 대부인 섭공(葉公)이 공자의 제자인 자로(子路)에게 공자가 어떤 사람인지를 물어보았다. 자로가 아무런 대답을 하지 않았다. 공자가 그 일을 알고 자로에게 이렇게 말하였다.

"너는 이렇게 말하지 그랬느냐. 그 사람은 모르면 열심히 분발하여 먹는 것도 잊고 배우며, 알고 나면 즐거워서 근심도 잊고 부지런히 힘쓰고 살아가며, 늙음이 오는지도 모르는 사람이라고 말해주지 그랬느냐."

2. 한(漢)나라는 중국 삼국 시대에 유비(劉備)가 세운 촉한(蜀漢)을 말하고, 소열황제(昭烈皇帝)는 유비를 말한다. 유비의 자는 현덕(玄德)이고, '소열'은 그의 시호이다.

유비는 탁군(涿郡: 지금의 하북성)에서 태어났다. 그는 어렸을 때 가난하여 어머

니와 함께 짚신과 멍석을 짜서 생활하였다. 이후 관우(關羽), 장비(張飛)와 의형제를 맺고 어지러운 시대를 바로잡고자 하였다. 삼고초려(三顧草廬) 끝에 제갈량(諸葛亮)을 끌어들이고 그의 건의를 받아들여 손권(孫權)과 연합하여 적벽전에서 조조의 군대를 대파하였다.

221년 스스로 황제라 칭하고 국호를 한(漢)이라 하여 위(魏)나라, 오(吳)나라와 함께 삼대 세력국을 이루었다. 서울은 성도(成都), 연호는 장무(章武)였다. 역사에서는 이 나라를 촉한이라고 불렀다. 재위 기간 동안 제갈량을 승상으로 세워 내외의 안정을 가져왔으나 장무 2년 오나라와의 전투에서 실패하고 이듬해 병으로 세상을 떠났다.

진(晉)나라의 사관인 진수(陳壽)가 지은 정사(正史)《삼국지》(三國志)에서는 조조가 세운 위나라를 정통으로 기술하였지만, 원나라 말기의 소설가 나관중(羅貫中)이 지은《삼국지연의》(三國志演義)에서는 유비가 한나라 황실의 후예라는 명분을 들어 촉한에 정통성을 주었다.

3. 장자(莊子)는 중국 전국시대의 사상가로 도가(道家)의 대표적인 인물이다. 전란의 중심지였던 송(宋)나라 출신으로 이름은 주(周)이고 자는 자휴(子休)이다. 맹자(孟子)와 동시대에 살았으며 노자(老子)의 학설에 근본을 두고 유가(儒家)를 비판했다.

《사기》에 다음과 같은 글이 실려 있다. 초(楚)나라 위왕(威王)이 장자가 현명하다는 이야기를 듣고 사신에게 많은 예물을 들려 장자를 재상으로 초빙해 오도록 하였다. 장자는 웃으면서 사신에게 이렇게 말하였다.

"천금은 많은 돈이고 재상은 높은 지위입니다. 그렇지만 그대는 교제를 지낼 때 희생으로 올리는 소를 보지 못했습니까? 몇 년을 잘 먹여 기른 다음에는 비단옷을 입혀 태묘로 끌고 갑니다. 그때에야 비로소 한 마리 더러운 돼지가 되고자 한들 그럴 수 있겠습니까? 그대는 어서 돌아가시고 나를 더럽히지 마십시오. 나는 차라리 더러운 진흙탕 속에서 노닐며 즐겁게 살아가지 나라에 얽매인 몸이 되지는 않겠습니다. 죽을 때까지 벼슬하지 않고 내 뜻대로 살겠습니다."

장자는 도(道)를 우주의 본체로 보아 도만이 절대적이고 기타 만물은 모두 상대적이라고 주장하여 빈부, 귀천, 선악, 시비가 구별될 수 없으며 따라서 인간은 모든 희노애락에서 초월해야 한다고 하였다. 현실도피적이고 허무주의적인 그의 학설은 인간 정신의 절대 자유를 추구하였다.

저서로 《장자》 33편이 전하는데 〈내편〉(內篇) 7편, 〈외편〉(外篇) 15편, 〈잡편〉(雜篇) 11편으로 구성되어 있다. 〈내편〉은 장자 자신의 저작이지만 나머지는 후대 사람들이 지은 것이라고 한다. 아름다움과 추함도 상대적인 것임을 보여주는 재미있는 글이 〈내편〉의 두 번째 편인 〈제물론〉(齊物論)에 나온다.

"모장(毛嬙)이나 여희(麗姬)를 사람들은 아름답다고 한다. 그러나 물고기가 그녀를 보면 물 속 깊이 숨고, 새가 그녀를 보면 하늘 높이 날아오르며, 사슴이 그녀를 보면 있는 힘껏 달아난다. 사람과 물고기와 새와 사슴 가운데에 누가 진짜 아름다움을 알고 있을까?"

4. 태공(太公)은 주(周)나라 초기의 정치가로 성은 강(姜)이고 이름은 상(尙)이다. 문왕의 할아버지인 고공단보가 기다린 성인이라고 해서 호가 태공망(太公望)이다. 자신의 때를 기다리며 위수(渭水) 가에서 끝이 곧은 바늘로 낚시질을 하면서 세월을 보내다가 여든이 되어서야 문왕을 만나 그의 스승이 되었다.

《사기》 〈제태공세가〉(齊太公世家)에 다음과 같이 나와 있다. "여상은 일찍이 가난하고 나이가 많았는데 물고기를 낚으면서 주나라 서백(문왕)을 기다렸다. 서백이 사냥을 가려고 점을 쳤는데 '얻는 것은 용도 아니며 이무기도 아니며 호랑이도 아니며 곰도 아니니, 얻는 것은 패왕의 보좌관이리라'는 점괘를 얻었다. 그런데 주나라 서백이 사냥에서 과연 태공을 위수의 북쪽에서 만나게 되었다."

나중에 강태공은 문왕의 아들인 무왕을 도와 목야(牧野)의 전투에서 은나라의 폭군 주왕(紂王)의 군대를 물리치고 주나라를 세우는 데 큰 공을 세웠다. 성왕(成王)때 제(齊)나라에 봉해져 영구(營丘), 지금의 산동성 임치(臨淄)에 도읍을 정했으며 제나라의 시조가 되었다. 저서에 《육도》(六韜)가 있는데 후세 사람이 지은 것으로 그의 이름을 붙인 것이라고 한다.

5. 마원(馬援)은 후한 때의 이름난 장군으로 자는 문연(文淵)이다. 12세 때 고아가 되었으나 큰 뜻을 품어 왕망(王莽) 때 한중태수(漢中太守)의 지위에 올랐다. 이후 유수(劉秀) 즉 광무제(光武帝)의 휘하에 들어가 많은 전공을 세웠다.

광무제 건무(建武) 17년(41년) 복파장군(伏波將軍)이 되고 신식후(新息侯)에 봉해졌다. 말을 감별하는 능력이 뛰어났으며 좋은 말을 구별할 수 있도록 낙양에 동마(銅馬)를 주조했다. 저서에 《동마상법》(銅馬相法)이 있다.

6. 사마온공(司馬溫公)은 중국 북송 때의 정치가로 이름은 광(光)이고, 자는 군실(君實)이며 시호는 문정(文正)이다. 온국공(溫國公)에 봉해졌으므로 '온공'이라 불렸다. 섬주(陝州) 하현(夏縣) 속수향(涑水鄕) 출신이라 속수선생이라고도 불렸다.

왕안석(王安石)의 신법에 극력 반대하다가 실각하여 영흥군(永興郡), 지금의 섬서성 서안(西安)의 지사로 물러났다가 낙양에 머물며 《자치통감》(資治通鑑)을 지었다.

1085년 철종(哲宗)이 즉위하고 태황태후 고씨(高氏)가 수렴청정하면서 그는 다시 문하시랑(門下侍郞)에 올랐으며 이듬해 상서좌복야(尙書左僕射)를 지냈다. 이때 조정의 전권을 쥐면서 신법을 모두 폐지했다. 같은 해(1086) 사망하여 태사온국공(太師溫國公)에 봉해졌다. 유저에 《온국문정사마공문집》(溫國文正司馬公文集) 80권과 《계고록》(稽古錄), 《속수기문》(涑水記聞)이 있다.

7. 《경행록》(景行錄)은 중국 송나라 때 지어졌다는 책이다. 지금은 전하지 않는다. 《시경》(詩經) 〈소아·거할〉(小雅·車舝)에 "고산앙지, 경행행지"(高山仰止, 景行行止)라는 구절이 있다. 이 부분에 정현(鄭玄)은 "옛사람들 가운데 높은 덕성을 지닌 이가 있으면 그를 사모하고 우러르며, 밝은 행위를 한 이가 있으면 본받아서 나도 그렇게 행한다"[古人有高德者, 則仰慕之, 有明行者, 則而行之]고 주를 달고 있다. 그렇다면 '경행'은 본받을 만한 밝은 행실이라고 할 수 있겠다. 《경행록》은 밝은 행

실의 본보기를 보여준 훌륭한 사람들의 이야기를 묶어 놓은 책이 아니었을까?

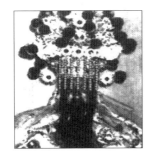

8. 동악성제(東岳聖帝)는 도교에서 받들어 모시는 신선으로 태산부군(泰山府君)이라고도 한다. 동악은 오악(伍嶽)의 하나로 태산(泰山)을 말한다. 태산부군은 태산의 장관(長官)이란 뜻으로 사후의 세계를 지배하는 존재이다.

봉선(封禪)과 같은 국가의 큰 행사가 있을 때마다 조정의 정치적 의도에 따라 그 권위가 더욱 증대되었다. 당(唐)나라 현종(玄宗)은 봉선을 행하면서 천제왕(天齊王)이라고 칭했으며 송(宋)나라 진종(眞宗)은 인성천제왕(仁聖天齊王)이라고 칭했다. 청(淸)나라에 와서는 천제인성대제(天齊仁聖大帝)라고 봉호(封號)를 더해 주었다. 동악성제는 이른 새벽에 사당을 나와 수레를 타고 시종백관을 거느리고 돌아다니면서 인간계의 선악을 시찰하고 부정을 바로잡아 준다고 한다.

9. 〈수훈〉(垂訓)은 '후세에 전하는 교훈'이라는 뜻이다.

2. 하늘을 두려워하라[天命]

천명(天命)의 글자 그대로의 뜻은 '하늘의 명령'이다.
여기에서 말하는 하늘은 자연의 하늘이 아니다.
인간의 삶을 규정하는 눈에 보이지 않는 존재로서의 하늘이다.
옛날에 사람들은 하늘이 인간의 생사와 화복을 결정한다고 믿었다.
이 편은 모두 7장으로 구성되어 있으며 하늘을 두려워하며 양심에 따라 착하게 살 것을 권유하고 있다.

1

하늘이 내린 명에 따르는 사람은 살고 거스르는 사람은 죽는
다. (맹자[1])

2

하늘은 고요하여 소리가 없어 푸르고 푸르른데 어디에서 찾을까
높지도 않고 멀지도 않아 사람의 마음이 그 곳이라네. (소강절[2])

3

사람들 사이에 속삭이는 말도 하늘의 귀에는 우레처럼 크게 들
리고 어두운 방안에서 마음을 속여도 귀신의 눈에는 번개처럼 밝
게 보인다. (현제[3]의 〈수훈〉)

4

악의 두레박[4]이 가득 차면 하늘이 반드시 벌 줄 것이다.
(《익지서》[5])

5

만일 나쁜 일을 해서 세상에 이름을 드러낸다면
사람이 해치지 않더라도 하늘이 반드시 죽일 것이다. (장자)

6

오이를 심으면 오이를 따고 콩을 심으면 콩을 딴다.
하늘의 그물은 넓고 넓어 성글지만 새지 않는다.

7

나쁜 일을 하여 하늘에 죄를 지으면 빌 곳이 없다. (공자)

1. 맹자(孟子)는 중국 전국시대 사상가로 이름은 가(軻)이고 자는 자여(子輿)이다. '맹모삼천'(孟母三遷), '맹모단기'(孟母斷機) 등의 고사는 맹자의 성장에 어머니의 대단한 노력이 있었음을 보여준다. 그는 공자의 손자인 자사(子思)의 문하에서 공부하였다. 그 후에 제(齊)나라, 송(宋)나라, 등(滕)나라, 위(衛)나라 등을 다니며 그 나라의 국왕에게 덕으로 교화하는 이상적인 정치를 주장하였다.

그는 인간의 성품에 대하여 '성선설'(性善說)을 주장하였다. 성선설이란 인간은 본래 착한 심성을 타고났다는 학설이다. 맹자는 어린아이가 우물에 빠지려 할 때 이것을 보고 그냥 지나칠 사람은 없다는 예를 들면서 성선설을 설명했다. 그는 인간이 선천적으로 착하지만 주변 환경의 영향 때문에 점점 악해진다며, 그러므로 인간은 부단한 교육과 심성 개발을 통해 악이 침입할 요인을 제거해야 한다고 주장하였다.

이러한 성선설에 대하여 순자(荀子)는 '성악설'을 주장했으며 이 두 가지 학설은 후세에까지도 대립되며 논쟁거리가 되었다. 저서로 제자인 만장(萬章), 공손추(公孫丑) 등과 함께 지은 《맹자》가 전한다.

2. 소강절(邵康節)은 중국 북송 때의 사상가로 이름은 옹(雍)이고 자는 요부(堯夫)이며, '강절'은 그의 호이다. 안락선생(安樂先生), 이천옹(伊川翁)이라고도 불렸다. 그는 범양(范陽), 지금의 하북성 탁현(涿縣)에서 태어났으며 일생동안 벼슬에 나아가지 않고 학문을 즐기며 지냈다. 〈하도〉(河圖) 〈낙서〉(洛書) 및 〈상수〉(象數)의 학문을 연구하고 《역전》(易傳) 및 도가의 사상을 결합하여 신비한 선천상수학(先天象數學)의 장을 열었다. 그는 우주의 본원은 태극(太極)으로서 영구불변이며 만물은 태극으로부터 변화하여 형성된다고 보았다. 또 태극은 '심'(心)이자 '도'(道)라는 학설을 주장하였다. 저서로는 《황극경세》(皇極經世) 《이천격양집》(伊川擊壤集) 등이 있다.

3. 현제(玄帝)는 도교에서 받들어 모시는 신선으로 현천상제(玄天上帝)라고도 한

다. 《도교대사전》(道敎大辭典)에서는 《수신기》(搜神記)를 전거로 들며 이렇게 말하고 있다. "현제(玄帝)는 원시화신(元始化身)이고 태극별체(太極別體)이다. 상삼황(上三皇) 때에 하강하여 태초진인(太初眞人)이 되고, 중삼황(中三皇) 때에 하강하여 태시진인(太始眞人)이 되고 하삼황(下三皇) 때에 하강하여 태소진인(太素眞人)이 되었다. 지부태양(至符太陽)의 정기로 정락국왕(淨樂國王) 선승부인(善勝夫人)의 배에 태를 빌어 14개월이나 잉태된 후 태어났다."

또 《신선통감》(神仙通鑑)을 전거로 들며 이렇게 말하고 있다. "현천상제는 상고 때 정락국왕의 적자로, 태어날 때 신기한 징조가 있었다. 장성하여서는 무당산(武當山)에 이르러 잠형연기(潛形煉氣)의 수련을 40여 년간 하였다. 큰 도(道)를 완성하려고 하는 때 국왕이 나이가 들어 그를 불러 왕위를 잇게 하려 하였다. 현제는 진리를 수련할 뜻을 결심하고 조정으로 돌아가려 하지 않았다."

4. 악의 두레박이란 원문의 '악관'(惡鑵)에 해당되는 말로 다음과 같은 민간신앙과 결부된다. 중국에서 조신(竈神)은 부엌이 있는 집이라면 반드시 모시는 보편적인 신이다. 이 신에 대해서는 여러 가지 설이 있지만 현재의 민간신앙에 따르면 조신은 조군(竈君) 또는 조왕야(竈王爺)라고 하는 남신(男神)과 조내내(竈嬭嬭)라고 하는 여신(女神)의 두 신으로 되어 있다고 한다. 이 남신과 여신은 여러 가지 선관(善鑵), 악관(惡鑵)을 가지고 있어서 어느 때든지 각 식구들이 하는 행위를 기록해서 두레박에 모아 둔다고 한다. 착한 일을 많이 하면 선관, 즉 선의 두레박이 점점 찰 것이요, 나쁜 일을 많이 하면 악관, 즉 악의 두레박이 점점 차게 되는 것이다. 연말이 되면 모아 둔 것들을 총계해서 천제에게 보고한다고 한다. 그래서 민간에서는 12월 24일에 조신에게 제사를 지내는데 좋은 일을 천제에게 보고하고 복을 내려달라고 기원한다고 한다.

5. 《익지서》(益智書)는 중국 송나라 때 지어졌다는 책으로 지금은 전하지 않는다. '익지'(益智)라는 말은 '지혜를 더한다'는 뜻이다.

3. 천명을 따르라[順命]

순(順)은 따른다, 순종한다는 뜻이며 명(命)은 천명이다.
이 편은 모두 5장으로 구성되어 있으며 최선을 다해도 인간의 힘으로
도저히 어떻게 할 수 없는 일에 대해서는 주어진 명을 받아들이라고 권유하고 있다.

1
죽음과 삶은 명에 달려 있고
부유함과 귀함은 하늘에 달려 있다. (공자)

2
모든 일은 분수가 이미 정해져 있는데
세상 사람들은 부질없이 자기 혼자 바쁘게 움직인다.

3
다가오는 화는 요행으로 피해갈 수 없고
놓쳐 버린 복은 두번 다시 구할 수 없다. (《경행록》)

4

때를 만나면 왕발[1]이 순풍을 타고 하룻밤에 칠백 리를 가서

등왕각[2]의 서문을 지어 천하에 이름을 날리듯 일이 잘 풀리고,

운수가 나쁘면 어떤 사람이 탁본을 하러 천신만고 끝에 수천 리를 갔지만

그날 밤 천복비[3]에 벼락이 쳐서 비석이 깨지듯이

온갖 노력에도 불구하고 일이 수포로 돌아간다.

5

어리석은 귀머거리와 말 못하는 벙어리라도 집은 큰 부자일 수 있고

지혜롭고 총명한 사람이라도 집은 도리어 가난할 수 있다.

해와 달과 날과 때가 모두 정해져 있으니

따져보면 삶은 명에 달려 있지 사람에게 달려 있지 않다. (열자[4])

1. 왕발(王勃)은 중국 당나라 때 시인으로, 자는 자안(子安)이다. 어려서부터 뛰어난 재주가 있었다.

이런 일화가 전한다. 왕발이 아직 어릴 때 일이다. 동정호 부근에 머문 적이 있었는데 한 늙은이가 그의 꿈속에 나타났다. 등왕각에서 9월 9일에 낙성 잔치가 있으니 그 자리에 참석하여 〈등왕각서〉(滕王閣序)를 지으라고 말하였다. 그 날은 9월 7일이었는데 등왕각이 있는 남창현까지는 칠백 리나 되었다. 하룻밤 사이에 가기에는 도저히 불가능한 거리였다.

그러나 왕발은 꿈이 너무도 생생하여 배에 올랐다. 그때부터 순풍이 불어와 배는 나는 듯이 달려 다음날로 등왕각에 이르렀다. 그래서 명문장으로 이름난 〈등왕각서〉를 지어 천하에 이름을 떨치게 되었다.

2. 등왕각(滕王閣)은 지금 강서성 남창현에 있는 누각이다. 당나라 고조의 아들인 이원영(李元嬰)이 홍주자사(洪州刺史)로 있을 때에 세웠는데 그가 등왕에 봉해졌으므로 등왕각이라고 불렀다.

3. 천복비(薦福碑)는 강서성 천복사에 있던 비석이다. 원나라 때 마치원(馬致遠)이 세웠다고도 하고, 당나라 때 구양순(歐陽詢)이 비문을 썼다고도 한다. 다음과 같은 일화가 전한다.

구래공(寇萊公)의 문객 가운데 문정(文正)이란 사람이 있었다. 그는 매우 가난하였다. 천복비 비문을 탁본해 오면 보수를 후하게 주겠다는 말을 듣고는 천복산으로 향하였다. 그러나 수천리 길을 달려 도착한 바로 그날 밤에 벼락이 떨어져 비석이 산산조각 나고 말았다.

4. 열자(列子)의 생애는 분명하지가 않다. 중국 전국시대 정(鄭)나라 사람인 것으로 보이며 이름은 어구(禦寇)이다. 현재 전하는 《열자》는 위진시대 장담(張湛)이 주석을 달아 놓은 책이다.

장담은 서문에서 할아버지 장의(張嶷)가 난리 중에 흩어진 《열자》의 단편들을 주워 모아 그것들을 대조하고 교정해서 《열자》를 복원했다고 말하고 있다.

이 책은 당나라 초기에 유포되어 《충허지덕진경》(沖虛至德眞經)으로 떠받들어지기도 하였다. 널리 알려진 '조삼모사'(朝三暮四) '우공이산'(愚公移山) 등의 고사가 바로 《열자》에 실려 있다.

4. 효도를 하라[孝行]

이 편은 모두 6장으로 구성되어 있으며
다양한 형식으로 효도할 것을 권유하고 있다.

1

아버님 나를 낳으시고 어머님 나를 기르셨네.

슬프고도 슬프구나 우리 부모님 나를 낳아 기르느라 애쓰셨다네.

그 큰 은혜를 갚으려 해도 하늘처럼 높고 높아 끝이 없다네.
(《시경》[1])

2

효자가 부모님을 섬길 때는 이렇게 한다.

거처하실 때는 공경스럽게 하고 봉양할 때는 즐겁게 해드리고

병드셨을 때는 근심스러워 하고 돌아가셨을 때는 마음 깊이 슬
퍼하고

제사지낼 때는 엄숙하게 해야 한다. (공자)

3

부모님이 살아계실 때는 멀리 나가 놀지 말고
놀러 가더라도 반드시 가는 곳을 말씀드려야 한다. (공자)

4

아버님께서 부르시면 곧바로 대답하고 머뭇거려선 안된다.
음식이 입 안에 있으면 뱉고 달려가라. (공자)

5

내가 부모님께 효도하면 내 자식도 나에게 효도할 것이다.
자신이 이미 효도하지 않는데 자식이 어찌 효도하겠는가. (태공)

6

부모님께 효도하고 순종하는 사람은
자신에게 효도하고 순종하는 자식을 낳을 것이다.
부모님께 거스르고 거역하는 사람은
자신에게 거스르고 거역하는 자식을 낳을 것이다.
믿지 못하겠다면 처마 끝의 낙숫물을 보라.
방울방울 떨어지는 것이 한치도 어긋나지 않는다.

1.《시경》(詩經)은 중국 최초의 시집이다. 선진시대에는 흔히 '시'(詩), 혹은 '시삼백'(詩三百)으로 불렀으며, 전국시대 사람들은 이것을 유가의 육경(六經) 가운데 하나로 열거하였고, 한나라 때 이후에 와서야 정식으로 '시경'이라는 명칭이 생겼다.

오늘날《시경》에는 총 305편의 시가 있는데 크게 국풍(國風), 아(雅), 송(頌)의 세 부분으로 나뉜다. 국풍은 15개 나라 또는 지역의 시를 포함하고 있으며 모두 160편이다. 아는 다시 대아(大雅)와 소아(小雅)로 나뉜다. 대아는 31편이고, 소아는 제목만 남아 있는 시 6편을 포함하여 74편이다. 송은 40편인데 그 가운데 주송(周頌)은 31편이고 노송(魯頌)이 4편, 상송(商頌)이 5편이다.

국풍은 대부분 일반 백성들의 정감이 담긴 가요이며, 아는 귀족의 작품들이 많은데 주로 상류층의 사상을 반영하며, 송은 종묘에서 제사를 지내는 노래로 공덕을 칭송하는 내용이다.《시경》의 각 편의 제목은 모두 뒷날에 첨가한 것이며 대부분 시구에서 따왔다.

《시경》의 저자에 대해서는 잘 알려지지 않았으며 몇몇 저자들의 이름이 시문 안에 남아 있기도 하지만 상세한 내용은 알 수 없다. 제작연대는 대략 서주 초기부터 춘추시대 중엽까지이다. 주나라 때에는 천자의 관리들이 시를 채집하거나 각 제후국에서 시를 헌납하는 제도가 있었기 때문에 이처럼 장구한 시간과 공간에 걸친 시편을 모을 수 있었다고 한다. 공자가 시에 대한 정리작업을 했으며 학생들에게《시경》을 가르쳤다. 이로부터《시경》은 유가의 경전에서 확고한 지위를 확립하게 되었다.

5. 몸을 바르게 하라[正己]

정(正)은 바르게 한다는 뜻이며 기(己)는 몸이라는 뜻이다.
이 편은 모두 22장으로 되어 있으며 다른 사람을 탓하기보다
우선 자기의 몸을 먼저 바르게 할 것을 권유하고 있다.

1

다른 사람의 착한 점을 보면 내게도 그런 착한 점이 있나 살펴
보라.

다른 사람의 나쁜 점을 보면 내게도 그런 나쁜 점이 있나 살펴
보라.

이렇게 해야 보탬이 된다. (《성리서》[1])

2

대장부는 다른 사람을 포용해 주지 다른 사람에게 포용되지 않
는다. (《경행록》)

3

자기를 귀하게 여겨 다른 사람을 천대하지 말라.

자기가 크다고 해서 작은 사람을 업신여기지 말라.

자기의 용맹을 믿고 적을 가볍게 여기지 말라. (태공)

4

다른 사람의 잘못을 듣게 되면 부모님 이름을 들은 것처럼

귀로는 들었어도 입으로는 말하지 말라. (마원)

5

다른 사람에게 비방을 듣더라도 화내지 말라.

다른 사람에게 칭찬을 듣더라도 좋아하지 말라.

다른 사람의 나쁜 점을 듣더라도 맞다 맞다 하면서 맞장구치지 말라. 다른 사람의 착한 점을 듣게 되면 곧 그렇다고 인정하고 함께 기뻐하라.

이런 시가 있다.

착한 사람 보기를 즐겨하고

착한 일 듣기를 즐겨하라

착한 말하기를 즐겨하고

착한 뜻하기를 즐겨하라

다른 사람의 나쁜 점을 들으면

가시를 등에 진 듯이 하고

다른 사람의 착한 점을 들으면

난초를 몸에 지닌 듯이 하라. (소강절)

6

내게 잘한다 잘한다 하면서 부추기는 사람은

곧 내게 해로운 사람이다.

내게 잘못됐다 잘못됐다 하면서 바로잡아 주는 사람은

곧 내 스승이다.

7

부지런함은 값을 매길 수 없는 보배이며

조심함은 몸을 안전하게 보호하는 부적이다. (태공)

8

삶을 온전히 보존하려는 사람은 욕심을 적게 갖고

몸을 온전히 보존하려는 사람은 명예를 피한다.

욕심을 없애기는 쉽지만 명예욕을 없애기는 어렵다. (《경행록》)

9

군자가 경계해야 할 세 가지가 있다.

첫째 어릴 때는 혈기가 아직 안정되지 못하니 여색을 경계해야

한다.

둘째 장성하면 혈기가 한창 굳세니 싸움을 경계해야 한다.

셋째 늙으면 혈기가 이미 쇠약해지니 탐욕을 경계해야 한다.

(공자)

10

심하게 화를 내면 기운이 상하고

지나치게 생각이 많으면 정신이 상한다.

정신이 피곤하면 마음이 쉽게 지치고

기운이 약해지면 병이 따라 생긴다.

지나치게 슬퍼하거나 기뻐하지 말고

모름지기 음식을 고르게 먹어라.

밤에 술 취하는 것을 두 번 세 번 거듭 금지하며

무엇보다도 새벽에 화내는 것을 경계하라. (손진인[2]의 〈양생명[3]〉)

11

음식이 담백하면 정신이 맑아지고

마음이 맑으면 잠자리가 편안하다. (《경행록》)

12

마음을 고요하게 안정시켜 사물을 마주할 수 있다면

배우지 않았더라도 덕 있는 군자라고 할 수 있다.

13

분노를 다스릴 때는 불을 끄듯이 하고
욕심을 막을 때는 물을 막듯이 하라. (《근사록》[4])

14

여색 피하기를 원수 피하듯이 하고
바람 피하기를 화살 피하듯이 하라.
빈 속에는 차를 마시지 말고 밤중에는 밥을 적게 먹어라.
(《이견지》[5])

15

쓸데없는 말과 급하지 않은 일은 버려두고 하지 말라. (순자[6])

16

사람들이 좋아하더라도 정말 좋아할 만한 것인지
실제 정황을 반드시 살펴봐야 한다.
사람들이 미워하더라도 정말 미워할 만한 것인지
실제 정황을 반드시 살펴봐야 한다. (공자)

17

술이 취해도 주절주절 말을 늘어놓지 않는 사람은 참다운 군자
이다.

재물에 대하여 태도가 분명한 사람은 대장부이다.

18
모든 일을 너그럽게 처리하면 복이 저절로 두터워진다.

19
다른 사람을 가늠해 보고 싶거든 먼저 자신을 가늠해 보라.
다른 사람을 해치는 말은 도리어 자신을 해친다.
피를 머금어 다른 사람에게 뿜으면
자신의 입이 먼저 더러워지는 법이다. (태공)

20
장난치며 놀기만 하면 삶에 보탬이 안 되고
오직 부지런해야만 좋은 열매를 거둔다.

21
다른 사람의 오이밭 가에서 신을 고쳐 신지 말고
오얏나무 아래에서 갓을 고쳐 쓰지 말라. (태공)

22
마음은 편안하더라도 몸은 힘들게 해야 한다.
정신은 즐겁더라도 육신은 근심하게 해야 한다.

몸이 힘들지 않으면 게으름에 빠져 허물어지기 쉽고
육신이 근심하지 않으면 방종에 빠져 바로잡기 어렵다.
그러므로 편안함은 힘든 가운데 생겨나 항상 기쁠 수 있고
즐거움은 근심하는 가운데 생겨나 싫증이 없을 수 있다.
편안함과 즐거움을 추구하는 사람이라면
육신의 근심과 몸의 힘듦을 잊어선 안 될 것이다. 《《경행록》》

23
귀로는 남의 그릇됨을 듣지 않고
눈으로는 남의 단점을 보지 않고
입으로는 남의 허물을 말하지 않아야 군자라고 할 수 있다.

24
기뻐하고 화냄은 마음속에 있고
말은 입 밖으로 나가는 것이니 조심해야 한다. (채백개[7])

25
공자의 제자인 재여[8]가 낮잠을 자고 있었다.
이것을 보고 공자께서 말씀하셨다.
"썩은 나무는 조각할 수 없고 더러운 흙으로 만든 담은 흙손질
을 할 수 없다." 《《논어》[9]》

26

복은 맑고 검소한 데서 생기고

덕은 자신을 낮추고 겸손한 데서 생긴다.

도는 편안하고 고요한 데서 생기고 생명은 화창한 데서 생긴다.

근심은 욕심이 많은 데서 생기고 화는 탐욕이 많은 데서 생긴다.

허물은 경솔하고 교만한 데서 생기고 죄는 어질지 못한 데서
생긴다.

눈이 다른 사람의 그릇됨을 보지 않도록 경계하고

입이 다른 사람의 단점을 말하지 않도록 경계하라.

마음이 탐내고 화내지 않도록 경계하고

몸이 나쁜 친구를 따르지 않도록 경계하라.

유익하지 않은 말을 함부로 하지 말고

내게 관계 없는 일을 함부로 하지 말라.

임금을 높이고 부모님께 효도하며

윗어른을 공경하고 덕 있는 사람을 받들며

지혜로운 사람과 어리석은 사람을 분별하고

무지랭이를 너그러이 대하라.

사물이 순리대로 오면 물리치지 말고

사물이 이미 가버렸으면 뒤쫓지 말라.

몸이 좋은 때를 만나지 못했으면 바라지 말고

일이 이미 지나갔으면 다시 생각하지 말라.

총명한 사람도 어리석은 때가 많고

잘 짜인 계획도 편리하지 않을 수 있다.

다른 사람에게 손해를 입히면 결국 자신도 손실을 입고

세력을 따르면 화가 잇달아 온다.

마음을 경계하고 기운을 지켜라.

절약하지 않으면 집안이 망하고 청렴하지 않으면 지위를 잃는다.

그대에게 권고하니 평생토록 경계하며 감탄하고 놀라고 두려워하라.

위에는 하늘의 거울이 굽어 보고 아래에는 땅의 신령이 살피고 있다.

밝은 곳에는 세 가지 법[10]이 서로 이어 있고

어두운 곳에는 귀신이 서로 잇따른다.

곧음을 굳게 지키고 마음을 속이지 말라.

경계하고 또 경계하라. (자허원군[11]의 〈성유심문〉[12])

1.《성리서》(性理書)는 송나라 때 많이 지어진 성리학에 관한 책을 말한다. 성리학은 송·명시대의 유가철학사상으로 정주학파(程朱學派)의 이학(理學)을 주로 가리키며 도학(道學)이라고 부르기도 한다. 정이가 말한 "본성은 곧 천리이다"[性卽理也]라는 명제에 근원을 두고 있다.
한(漢)나라의 유학자들[古文經學派]은 경전을 연구할 때 '사물의 이름과 종류 및 경서(經書)의 고증이나, 해명, 주석, 자구 해석'[名物訓詁]에 치중한 반면, 송나라 유학자는 사람으로서 행하여야 할 옳은 도리[義理]를 밝히고, '인간의 본성과 하늘의 명'[性命]을 논하는 것을 위주로 했기 때문에 '성리학'이란 명칭이 생겼다.

2. 손진인은 손씨(孫氏) 성을 가진 진인(眞人)이라는 뜻이다. 진인이란 도교에서 참된 삶을 깨달아 도를 얻은 사람을 말한다.《도교대사전》에는 이렇게 나와 있다. "진리를 닦아 도를 얻은 사람과 살아서 하늘로 신선이 되어 올라간 사람을 모두 진인이라고 한다.《장자》〈천하〉(天下)에서 '노담(老聃)과 관윤자(關尹子)는 옛날의 박대진인(博大眞人)이다'라고 하였다. 이 부분에 대한 소주(疏注)에서는 '노자와 관윤자는 옛날의 큰 성인으로서 지극히 은미하고 오묘하며 고요하게 진리를 깨닫고 도와 하나가 되었다. 그래서 진인이라고 부른다'라고 하였다. 또《문자》(文子)에서는 '천지의 도를 얻었기 때문에 진인이라고 한다'라고 하였다."
3. 〈양생명〉(養生銘)은 양생하는 법을 적은 짧은 글이다. 양생이란 몸과 마음을 건강하게 보존하며 기른다는 뜻이다. 명(銘)은 한문의 한 문체로 금석(金石)이나 기물(器物)에 사람의 공덕을 새겨서 자손에게 보이거나, 경구를 새겨 반성하는 자료로 쓰는 짧은 글이다.

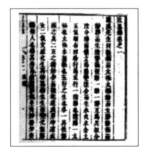

4.《근사록》(近思錄)은 남송의 성리학자인 주희(朱熹)와 그의 제자 여조겸(呂祖謙)이 함께 지은 책이다. 주돈이(周敦頤), 정호(程顥), 정이(程頤), 장재(張載)의 글 가운데 초학자들에게 꼭 필요한 622조목을 뽑았다. 책 이름은《논어》〈자장〉(子張)에 "배우기를 두루두루하고 뜻을 돈독히 하며, 묻기를 간절히 하고 생각을 내 가까이 있는 것부터 하나하나 해나간다면 인이 그 가운데 있을 것이다"[博學而篤志, 切問而近思, 仁在其中矣]라고 한 구절에서 따온 것이다. 〈자장〉의 이 글은 이 책 〈부지런히 배워라〉[勤學] 첫 장에도 나온다.

5. 《이견지》(夷堅志)는 전기(傳奇) 모음집으로 남송 때의 학자 홍매(洪邁)가 각 지방의 기이한 이야기들을 모아 엮은 책이다. 정사(正史)에 없는 송대의 민간 사회상을 엿볼 수 있다.

6. 순자(荀子)는 중국 전국시대 조(趙)나라의 사상가로 이름은 황(況)이다. 경(卿)을 지낸 후 흔히 순경(荀卿)이라고 불렸다. 맹자의 성선설을 반대하여 인간의 본성은 태어나면서부터 악하며 선하게 되는 것은 인위적인 노력의 결과라고 주장하였다. 그가 지은 책으로 《순자》가 전한다. 제자가 스승보다 뛰어나다는 의미로 자주 쓰이는 '청출어람'(靑出於藍)이 바로 《순자》의 첫번째 편인 〈권학〉(勸學) 첫 구절에 나오는 말이다.

7. 채백개(蔡伯喈)는 중국 후한 때 학자로, 이름은 옹(邕)이고 '백개'는 그의 자이다. 경사(經史), 음률(音律), 천문(天文) 및 시부(詩賦)에 두루 능했으며 비문 글씨를 잘 써서 낙양의 태학(太學) 문 밖에 육경의 경문을 담은 희평석경(熹平石經)을 남겼다.

영제(靈帝) 때 조정의 실정을 비난한 죄로 유배되었다가 동탁(董卓)이 정권을 쥐면서 중용되어 벼슬이 중랑장(中郞將)에 달했고, 양향후(陽鄕侯)에 봉해졌다. 동탁이 실권한 뒤에 왕윤(王允)에게 체포되어 옥사하였다. 작품으로는 부(賦)에 〈술행부〉(述行賦)가 있고 오언시에 〈음마장성굴행〉(飮馬長城窟行)이 있다. 작품집 《채중랑집》(蔡中郞集)은 일실된 것으로 전해진다. 이 밖에 '비백법'(飛白法)이라는 서법을 개발했으며, 서법 이론을 담은 《서설》(書說), 《석실신수필세》(石室神授筆勢)가 있다.

8. 재여(宰予)는 공자의 제자로 노나라 사람이다. 자는 자아(子我)이고 재아(宰我)라고도 많이 쓰였다. 언변이 뛰어났던 사람으로 전해진다.
《논어》 속에 공자가 그를 꾸짖는 모습이 여러 군데 보인다. 위의 말은 〈공야장〉(公冶長)에 나오는데 공자의 다음 말이 이어진다. "내가 예전에 사람을 대할 때에는 그의 말만 듣고서도 그의 행실을 믿었지만 이제는 사람을 대할 때 그의 말을 듣고 나서 그의 행실을 살펴보게 되었다. 재여 때문에 이렇게 바뀐 것이다."

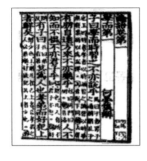 9. 《논어》(論語)는 사서(四書) 가운데 하나로, 공자의 제자들이 공자의 언행을 기록한 책이다. 〈학이〉(學而)부터 〈요왈〉(堯曰)까지 총 20편으로 되어 있으며 편마다 다시 몇 개의 장(章)으로, 각 장은 몇 개의 짧은 글귀로 이루어져 있다.
체계적이지는 못하지만 문장이 간결하면서도 깊은 뜻이 함축되어 있다. 내용은 철학, 정치, 교육, 문학을 비롯하여 처세 입신의 방법까지 두루 망라하였다.
전한 때 《제론》(齊論), 《노론》(魯論), 《고론》(古論)의 세 종류가 있었으나 《노론》만이 전해진다. 남송의 주희는 《논어》를 《맹자》, 《대학》, 《중용》과 함께 사서로 꼽고 《논어집주》(論語集注)를 저술하여 유학의 경전으로 삼았다.

10. 세 가지 법(三法)이 여기서 무엇을 가리키는지 확실하지 않다. 《도교대사전》에도 삼(三)으로 시작하는 여러 항목들이 있지만 삼법(三法)은 보이지 않는다.

11. 자허원군(紫虛元君)은 위부인(魏夫人)을 가리킨다. 자허는 구름 낀 하늘에 햇볕이 비칠 때의 모습을 말하는데 도교에서 신선세계를 표현할 때 이 말을 많이 썼다.
남자로서 신선이 된 사람을 진인(眞人)이라고 하고 여자로서 신선이 된 사람을 원군(元君)이라고 한다. 《도교대사전》에서는 《신선통감》(神仙通鑑)을 전거로 들면서 다음과 같이 말하고 있다.
"위부인의 이름은 화존(華存)이고, 자는 현안(賢安)이며, 임성(任城) 사람으로 진(晉)나라 사도(司徒) 위서(魏舒)의 딸이다. 어려서 도를 좋아하고 신선을 사모하였다. 나이 24세에 부모가 강제로 남양(南陽)의 유문(劉文)에게 시집보내 두 아들을 낳았다. 아이들이 자랄 때 부인은 따로 잠자리를 가지며 재계하였다. 석 달이 지나자 홀연히 여러 진인들이 내려와 각각 도교의 서책을 주었다. 후에 남편이 죽자 부인이 집안 대소사를 관리하며 두 아들을 키웠다. 그러다보니 나이가 어느덧 83세에 이르렀다. 동화제군(東華帝君)이 내려와 부인에게 《황정경》(黃庭經)과 완성된 단(丹) 두 알을 주니 칼에 몸을 의탁하여 모습을 변화시켜 떠

났다. 상청옥궐(上淸玉闕)에 이르러서 남악진인자허원군(南嶽眞人紫虛元君)의
자리에 올랐다."

12. 〈성유심문〉(誠諭心文)은 '정성으로 마음을 깨우치게 하는 글'이란 뜻이다.

6. 분수를 받아들여라[安分]

안(安)은 편안하다는 뜻이며 분(分)은 분수라는 뜻이다.
이 편은 모두 7장으로 구성되어 있으며
자기에게 주어진 분수를 편안히 받아들이라고 권유하고 있다.

1

만족할 줄 알면 즐겁고
탐욕에 힘쓰면 근심스럽다. (《경행록》)

2

만족할 줄 아는 사람은 가난하고 비천해도 즐겁게 살고,
만족할 줄 모르는 사람은 부유하고 고귀해도 근심스럽게 산다.

3

분수에 넘친 생각은 한갓 정신만 상하고
망령된 행동은 도리어 재앙을 부른다.

4

만족할 줄 알아서 늘 만족하며 사는 사람은

평생토록 욕된 일을 당하지 않고,

그칠 줄 알아서 늘 어느 정도에서 그치며 사는 사람은

평생토록 부끄러운 일을 당하지 않는다.

5

가득 차면 덜어내게 마련이고

겸손하면 이익을 받게 마련이다. (《서경》[1])

6

분수에 편안하면 몸에 치욕이 없고

조짐을 알면 마음 절로 한가하리.

몸은 비록 이 세상에 살고 있으나

마음은 도리어 이 세상을 벗어난다네. (〈안분음〉[2])

7

자신이 그 지위에 있지 않으면 그곳의 일은 간섭하지 않는다.

(공자)

1.《서경》(書經)은 중국의 가장 오래된 문헌의 하나이다. 이 책의 형성과 전승 과정은 대단히 복잡하여 어떤 문제는 오늘날까지도 결론이 나지 않고 있다. 대체로 은나라와 주나라에 걸쳐 사관(史官)이 기록한 정부쪽 문서라고 이해할 수 있다.

'상고(上古)의 책'이라는 뜻의《상서》(尚書)로 불리다가 유가의 경전이 되면서《서경》이라고 불렀다. 사관들의 기록은 크게 말을 기록하는 것[記言]과 사건을 기록하는 것[記事], 두 가지로 나뉘는데《서경》은 대체로 '말을 기록하는 것'에 속한다.

그 중 대부분은 왕의 포고나 명령으로, 편명에는 주로 '고'(誥), '서'(誓) 등의 글자가 뒤에 붙는다. '고'는 왕의 정치적인 명령이고 '서'는 군사적인 명령이다. 그리고 간혹 군신 상호간에 권고하는 말의 기록도 보이는데 편명은 대부분 '명'(命), '훈'(訓), '모'(謀) 등의 글자가 붙는다. '명'은 임금이 신하에게 권고하는 말이며 '훈'은 신하가 임금에게 권고하는 말이며 '모'는 서로 상의하는 말이다.

2.〈안분음〉(安分吟)은 자기 분수에 만족하여 마음 편안히 살아가는 생활을 노래한 시이다.

7. 마음을 보존하라[存心]

존(存)은 보존한다는 뜻이고 심(心)은 마음이라는 뜻이다.
이 편은 모두 20장으로 구성되어 있으며
눈에 보이지 않는 마음가짐의 중요성을 말하고 있다.

1

아무도 보지 않는 밀실에 앉아 있어도 툭 트인 네거리에 앉아 있듯이 하고, 작은 마음 쓰기를 여섯 필 말을 부리듯이 하면 허물을 피할 수 있다. (《경행록》)

2

부귀를 지혜와 힘으로 구한다면 공자도 젊어서 제후가 됐을 텐데
세상 사람 하늘의 뜻 이해 못해서 부질없이 밤늦도록 근심만 하네. (《격양시》[1])

3

매우 어리석은 사람도 다른 사람을 탓할 때는 똑똑하다.

매우 총명한 사람도 자신을 용서할 때는 잘못을 범한다.

너희들은 다른 사람을 탓하는 마음으로 자신을 꾸짖고,

자신을 용서하는 마음으로 다른 사람을 용서하거라.

그렇게 한다면 성현의 경지에 이르지 못할까 걱정할 필요가 없다. (범충선공[2]이 자제에게 당부한 말)

4

총명하고 지혜롭더라도 어리석음을 지녀라.

공적이 세상에 가득해도 겸양을 지녀라.

용감함이 세상에 떨쳤어도 소심함을 지녀라.

세상을 다 가질 만큼 부유하더라도 겸손을 지녀라. (공자)

5

조금 베풀고서 많은 걸 바라는 사람은 아무런 보답을 받을 수 없다.

높은 자리에 오르고 나서 어렵던 시절을 잊어버리는 사람은 오래가지 못한다. (《소서》[3])

6

은혜를 베풀고서 보답받기 바라지 말고,

남에게 주고 나서 왜 주었나 후회 말라.

7

담력은 크게 가지되 마음가짐은 늘 조마조마 세심하도록 노력
하고,

앎은 두루두루 망라하고 실천은 딱 부러지게 하도록 노력하라.

(손사막[4])

8

생각은 언제나 전쟁터에 나가는 날처럼 하고,

마음은 늘 외나무다리를 건널 때처럼 써라.

9

법을 두려워하면 아침마다 즐겁고,

공정함을 속이면 날마다 근심한다.

10

입 단속하기를 병마개 막듯 하고

욕심 막기를 성문 지키듯 하라. (주문공[5])

11

마음속으로 남에게 잘못한 일이 없다면

얼굴에 부끄러운 기색이 드러나지 않는다.

12

사람은 백 년도 살지 못하면서 부질없이 천 년 뒤를 계획한다.

13

관직에 있을 때 부정을 저지르면 관직을 잃고 나서 후회한다.

부유할 때 검소하게 아껴쓰지 않으면 가난해지고서 후회한다.

재주를 젊을 때 배워 두지 않으면 배울 시기가 지나고서 후회한다.

일을 제때 배워 두지 않으면 정작 필요할 때 후회한다.

술 취하여 함부로 지껄이면 술 깨고서 후회한다.

건강할 때 충분히 쉬지 않으면 병들고서 후회한다. (구래공[6]의 〈육회명〉[7])

14

집은 비록 가난해도 큰일 없이 오손도손 사는 것이 집은 부유해도 큰일 겪으며 사는 것보다 낫다.

풀로 엮은 집에서 큰일 없이 사는 것이 금으로 칠한 집에서 큰일 치르며 사는 것보다 낫다.

거친 밥 먹으며 병 없이 사는 것이 좋은 약 먹으며 골골대며 사는 것보다 낫다. (《익지서》)

15

마음이 편안하면 초가집도 편안하고

성품이 안정되면 나물국도 향기롭다.

16

다른 사람을 탓하기만 하는 사람은 사람들과 제대로 사귀지 못하고

자신을 용서하기만 하는 사람은 허물을 고치지 못한다. (《경행록》)

17

아침 일찍 일어나 밤 늦게 잠들기까지 늘 충성과 효도를 생각하는 사람은 다른 사람이 알아주지 않더라도 하늘은 반드시 그 사실을 안다.

배 부르게 먹고 따뜻한 옷 입고 편안하게 제 몸 하나 지키며 사는 사람은 그 몸 하나는 편안하더라도 자손들은 과연 어찌 될는지.

18

아내와 자식을 사랑하는 마음으로 부모님을 섬긴다면 그 효도는 더할 나위 없을 것이다.

재산과 명예를 지키는 마음으로 임금을 받든다면 그 충성은 어디든 펼쳐질 것이다.

다른 사람을 탓하는 마음으로 자신을 꾸짖는다면 허물이 적을

것이다.

　자신을 용서하는 마음으로 다른 사람을 용서한다면 사귐이 온전할 것이다.

　19

　너의 생각이 삐뚤어져 있으면 타일러 준들 무슨 소용 있으며,
　너의 의견이 좋지 못하면 가르쳐 준들 무슨 보탬이 있겠는가.
　자신의 이익만 생각하면 도리를 어기게 되고
　사사로운 생각이 굳어지면 공정함을 해친다.

　20

　일을 만들면 일이 생기고 일을 덜면 일이 줄어든다.

1.《격양시》(擊壤詩)는 중국 북송 때 소강절이 엮은《이천격양집》을 말한다. 옛날 요임금 때에 늙은 농부가 태평한 시대를 즐거워하며 땅바닥을 치면서 부른 노래가 〈격양가〉인데, 이 노래에서 시집의 이름을 따왔다.

2. 범충선공(范忠宣公)은 중국 북송 철종(哲宗) 때의 이름난 재상으로, 성이 범(范)이고, 이름은 순인(純仁)이며, '충선'은 그의 시호이다. 인종(仁宗) 때의 이름난 재상 범중엄(范仲淹)의 둘째아들이다.《송사》(宋史) 314권에 그의 열전이 실려 있다.

3.《소서》(素書)는 중국 한(漢)나라 때 황석공(黃石公)이 지었다고 하는 책이다. 송(宋)나라 때 장상영(張商英)이 주를 달았는데 본문과 주석이 한 사람이 쓴 것 같아 저자가 장상영이 아닌가 의심하는 사람들도 있다.
〈원시〉(原始), 〈정도〉(正道), 〈구인지지〉(求人之志), 〈본덕종도〉(本德宗道), 〈준의〉(遵義), 〈안례〉(安禮)의 6편으로 구성되어 있다. 내용은 주로 도가적인 것으로 '부드러움'으로 '강함'을 이기고 물러남으로써 나아간다는 이치를 강조하였다.

4. 손사막(孫思邈)은 중국 당(唐)나라 때의 학자로서 노장사상에 정통했고, 음양학과 의약학에도 뛰어났다. 조정의 부름에 나아가지 않고 민간에 남아 백성들의 의사로서 살아갔다.
652년 의학서인《천금요방》(千金要方)을 편찬하고 681년 이것을 보충하여《천금익방》(千金翼方)을 펴냈다. 이 둘을 합하여《천금방》(千金方)이라고 칭한다.《천금요방》은 의학의 기초이론과 진단, 치료, 침구, 예방요법이 적혀 있고 《천금익방》은 특히 본초(本草), 상한(傷寒), 중풍 등에 관해 상세히 기술되어 있다. 800여 종의 약물이 소개되어 있고 그 가운데 200여 종은 약물의 채집과 제조방법 등이 설명되어 있다. 후세 사람들은 그를 '약왕'(藥王)이라고 불렀다.

5. 주문공(朱文公)은 중국 남송(南宋) 때의 주자(朱子)를 말한다. 주자의 이름은 희(熹)이고, 자는 원회(元晦) 또는 중회(仲晦)이며 호는 회암(晦庵)이다. '문공'은 그의 학덕을 기려서 송나라에서 내린 시호이다. 휘주(徽州) 무원(婺源: 지금의 강서성)에서 태어났다.

성리학자 '이정'(二程)의 사전제자(四傳弟子)로서 주돈이 장재 등의 학설을 채용하여 북송 이래의 성리학을 집대성하였다. 이정의 이기론(理氣論)을 계승하여 영구불변하고 모든 곳에 존재하는 이(理)가 기(氣)에 우선한다고 보았다. 또 봉건의 윤리인 삼강오륜은 천리(天理)의 체현이니 당연히 따라야 하는 것이며 사람들은 모두 격물(格物), 정심(正心), 성의(誠意) 등 내면의 수양에 힘써야 한다고 주장하였다.

이정과 함께 '정주'(程朱)로 불리며 그의 학파를 정주학파(程朱學派)라고 부른다. 그는 유가의 경전인 사서에 관한 역대 여러 학자들의 주석을 한데 모으고 자기의 설명을 덧붙여 《사서집주》(四書集注)를 내었으며,《시집전》(詩集傳),《근사록》(近思錄),《소학》(小學)도 그의 손에서 엮어졌다. 그가 집대성한 성리학은 뒷날 '주자학'(朱子學)이라는 이름으로 불려지게 되었다.

6. 구래공(寇萊公)은 중국 북송 진종(眞宗) 때의 재상으로 성은 구(寇)이고, 이름은 준(準)이며, 자는 평중(平仲)이다. 요나라가 쳐들어왔을 때 잘 막아내어 래국공(萊國公)에 봉해졌기 때문에 구래공이라고 불렸다.

7. 〈육회명〉(六悔銘)은 여섯 가지 후회할 만한 일에 대하여 경계하는 짧은 글이다.

8. 성품을 경계하라[戒性]

계(戒)는 경계한다는 뜻이고 성(性)은 성품이라는 뜻이다.
이 편은 모두 9장으로 구성되어 있으며 쏟아진 물은 다시 담을 수 없듯
방종해진 성품은 되돌릴 수 없으니 늘 경계하라고 권유하고 있다.
'인내'의 덕목이 매우 강조되고 있다.

1

사람의 성품은 물과 같다.

물이 한번 쏟아지면 다시 담을 수 없듯이

성품이 한번 방종해지면 다시 돌이킬 수 없다.

물을 막으려면 반드시 둑을 쌓아 막듯이

성품을 바로 잡으려면 반드시 예법으로 해야 한다. (《경행록》)

2

한순간의 분노를 꾹 눌러 참으면 백 날 동안의 근심을 면하리라.

3

참고 또 참아라. 조심하고 또 조심해라.

참지 않고 조심하지 않으면 사소한 일이 큰일 된다.

4

어리석은 사람이 크게 화내니
세상 이치 깨닫지 못해서라네.
마음에 화의 불길 돋우지 마오.
귓가를 스쳐가는 바람결마냥
집집마다 장점 단점 모두 있고요.
곳곳마다 덥고 찬 데 모두 같다네.
옳고 그름 본래부터 실상이 없어
마침내 모두가 부질없다네.

5

자장[1]이 떠나고자 하였다. 공자께 하직 인사를 올리며 삶의 지침이 될 한 마디 교훈을 청하였다.

공자께서 "모든 행실의 근본으로는 참는 것이 제일 중요하다"라고 말씀하셨다.

그러자 자장이 "참는다는 건 무엇입니까?"라고 여쭈었다.

공자께서 이렇게 대답하셨다.

"천자가 참으면 나라에 해가 없을 것이다. 제후가 참으면 나라가 커질 것이다. 관리가 참으면 그 지위가 높아질 것이다. 형제가 서로 참으면 그 집안이 부귀해질 것이다. 부부가 서로 참으면 일생을 해로하게 될 것이다. 친구가 서로 참으면 명예가 허물어지지 않을 것이다. 자신이 참으면 화가 이르지 않을 것이다."

자장이 이번에는 "참지 않으면 어떻게 됩니까?"라고 여쭈었다.
공자께서는 이렇게 대답하셨다.

"천자가 참지 않으면 나라가 황폐해질 것이다. 제후가 참지 않으면 그 몸마저 잃게 될 것이다. 관리가 참지 않으면 법 앞에 죽음을 당하게 될 것이다. 형제가 서로 참지 않으면 갈라져 따로 살게 될 것이다. 부부가 서로 참지 않으면 자식들을 부모 없는 고아가 되게 할 것이다. 친구가 서로 참지 않으면 서로간에 우정이 사라지게 될 것이다. 자신이 참지 않으면 걱정 근심이 없어지지 않을 것이다."

자장이 감탄하며 말하였다.

"얼마나 좋은 말씀이신가! 참는다는 건 참으로 어렵구나! 참으로 어렵구나! 사람이 아니면 참지 못하고 참지 못하면 사람이 아니로구나."

6

자기를 굽힐 줄 아는 사람은 중요한 지위에 오를 수 있고 다른 사람을 이기기 좋아하는 사람은 반드시 적을 만나게 될 것이다.
(《경행록》)

7

나쁜 사람이 착한 사람을 꾸짖을 경우에 착한 사람은 조금도 대꾸하지 않는다.

대꾸하지 않는 사람의 마음은 맑고 한가롭지만
꾸짖는 사람의 입은 부글부글 끓어오른다.
이것은 마치 하늘 향해 침을 뱉으면 도로 자기 몸에 떨어지는
것과 같다.

8

어떤 사람 나에게 욕을 해대도
귀먹은 체하고 대꾸 안 하네.
마치 불이 허공에서 혼자 타다가
애써 끄지 않아도 사그라지듯
내 마음은 텅 빈 허공 같은데.
너는 어찌 혀와 입술 나불거리나.

9

모든 일에 따뜻한 인정을 남겨 두면
나중에 서로 좋은 얼굴로 다시 만나게 된다.

---

1. 자장(子張)은 공자의 제자로 성은 전손(顓孫), 이름은 사(師)이다. '자장'은 그의 자이다.

9. 부지런히 배워라[勤學]

근(勤)은 부지런하다는 뜻이고 학(學)은 배운다는 뜻이다.
이 편은 모두 8장으로 구성되어 있으며 인간이 인간답기 위해서는
배움에 힘써야 한다고 강조하고 있다.

1

배우기를 두루두루하고 뜻을 돈독히 하며 묻기를 간절히 하고
생각을 가까이 있는 것부터 하나하나 해나가라.

인(仁)은 그 가운데 있다. (자하[1])

2

사람이 배우지 않음은 아무런 재주없이 하늘에 오르려는 것과
같다.

배워서 지혜가 깊어짐은 상서로운 구름을 헤치고 푸른 하늘을
바라보는 것과 같고 높은 산에 올라가 온 세상을 내려다보는 것
과 같다. (장자)

3

옥도 다듬지 않으면 그릇이 안 되듯이

사람이 배우지 않으면 도리를 모른다. (《예기》²)

4

사람이 배우지 않으면 한 점 불빛 없는 캄캄한 밤길을 가는 것

과 같다. (태공)

5

사람이 옛 일과 지금 일을 널리 배워 알지 못하면

말과 소에 옷을 입혀 둔 것과 같다. (한문공³)

6

집이 가난해도 가난 때문에 배움을 포기해선 안 된다.

집이 부유해도 부유함을 믿고 배움을 게을리 해선 안 된다.

가난한 사람이 부지런히 공부하면 입신할 수 있을 것이다.

부유한 사람이 부지런히 공부하면 이름이 더욱 빛날 것이다.

배우는 사람이 입신 출세하는 건 보았지만

배우는 사람 치고 성취하지 못하는 건 보지 못했다.

배움은 몸의 보배이고 배운 사람은 세상의 보배이다.

그러므로 배우는 사람은 군자가 되고

배우지 않는 사람은 소인이 된다.

뒷날 배우는 사람들이여, 모름지기 배움에 힘쓸 일이다. (주문공)

7

배운 사람은 벼와 같고 배우지 않은 사람은 잡초와 같다.

벼같은 사람이여!

나라에 없어서는 안 될 양식이며 세상에 큰 보배로다.

잡초같은 사람이여!

밭가는 사람이 싫어하고 김매는 사람이 귀찮아하는구나.

배우지 않다가 뒷날에 담벼락을 바라보듯 답답하여 후회해도

이미 늙어버린 몸 돌이킬 수 없으리라. (휘종⁴)

8

배움은 해도 해도 부족한 것처럼 하고,

오직 배운 것을 잃어버릴까 근심하라. 《논어》

1. 자하(子夏)는 공자의 제자로 성은 복(卜)이고, 이름은 상(商)이며, '자하'는 자이다.

2. 《예기》(禮記)는 유가 경전의 하나로 진·한(秦·漢) 이전의 각종 예의에 관한 학설들을 선별하여 모아 놓은 것이다. 전한의 경학가인 대성(戴聖)이 편집한 것으로 전해진다.
그의 삼촌 대덕(戴德)이 《대대례기》(大戴禮記)라는 책을 편집했는데 대성은 《대대례기》 89편에서 가려 뽑아서 《소대례기》를 편집했다고 한다. 바로 이 《소대례기》가 현재의 《예기》에 해당한다.
지금 전해지는 판본은 후한의 정현(鄭玄)이 주를 단 것이다. 〈곡례〉(曲禮), 〈단궁〉(檀弓), 〈왕제〉(王制), 〈월령〉(月令), 〈예운〉(禮運), 〈학기〉(學記), 〈악기〉(樂記), 〈중용〉(中庸), 〈대학〉(大學) 등 49편이다.
대개 공자의 직계제자, 재전(再傳), 삼전(三傳) 제자들이 기록한 것으로서 예에 관해 강론한 옛 문서들이다. 중국 고대 사회의 상황과 유가 학설, 문물 제도를 연구하는 데 필수적인 자료이다.

3. 한문공(韓文公)은 당송팔대가(唐宋八大家)의 한 사람으로 당나라의 유명한 문장가 한유(韓愈)를 가리킨다. 자는 퇴지(退之)이며 '문공'은 그의 시호이다.
하양(河陽: 지금의 하남성 맹현)에서 태어났다. 선대가 하남성 창려(昌黎: 지금의 요녕성 금주)에 살았으므로 사람들이 그를 창려선생이라고 불렀다. 세 살에 고아가 되어 형수인 정부인(鄭夫人) 밑에서 자랐다. 스물 네 살에 벼슬에 나아가 감찰어사(監察御史), 형부시랑(刑部侍郎)을 지내다 조주자사(潮州刺史)로 좌천되었으며 이후 복권되어 국자감좨주(國子監祭酒), 이부시랑(吏部侍郎)에 이르렀다.
시와 문장에 두루 능통했으며 고문운동을 제창하여 화려한 형식의 변려체(騈儷體)를 배격하고 유가 사상을 기초로 한 '문이재도'(文以載道)를 주장하였다. 특히 그의 대표적인 산문 〈원도〉(原道)를 통하여 복고풍의 문체개혁운동뿐만 아니라 사상적인 측면에서 '복고명도'(復古明道)를 주장하기도 하였다. 또 요임금, 순임금, 우임금, 탕왕, 문왕, 무왕, 주공, 공자, 맹자로 이어지는 유가의 도통론(道統論)을 내세우기도 하였다.
유명한 산문으로 〈제십이랑문〉(祭十二郎文), 〈사설〉(師說), 〈장중승전후서〉(張中丞

傳後序) 등이 있다. 시문집으로는《한창려전집》(韓昌黎全集)이 전한다.

4. 휘종(徽宗)은 중국 북송의 제8대 황제로 성은 조(趙), 이름은 길(佶)이다. 신종(神宗)의 아들이며 철종(哲宗)의 아우이다. 재위 기간은 1100년에서 1125년까지이다. 글씨와 그림에 조예가 깊었으며 학문에도 관심이 많아 장려하였다고 한다. '수금체'(瘦金體)라는 서체를 창시했으며 회화 작품에 '부용금계'(芙蓉錦鷄), '지당추만'(池塘秋晚) 등이 전한다. 시사(詩詞) 작품집으로는《선화궁사》(宣和宮詞) 3권이 있었으나 일실되었다. 후세 사람이《송휘종시》(宋徽宗詩),《송휘종사》(宋徽宗詞)를 펴냈다.

10. 자식을 가르쳐라[訓子]

훈(訓)은 가르친다는 뜻이고 자(子)는 자식이라는 뜻이다.
이 편은 모두 10장으로 구성되어 있으며 부모는 반드시 자식을 가르쳐야 한다고 강조하고 있다.

1

손님이 찾아오지 않으면 집안이 속되어지고,

시서를 가르치지 않으면 자손이 어리석어진다. (《경행록》)

2

일이 아무리 사소해도 실제로 하지 않으면 이룰 수가 없다.

자식이 아무리 똑똑해도 가르치지 않으면 현명해지지 않는다.

(장자)

3

한 상자의 황금을 자식에게 물려주느니 경서 한 권을 가르쳐

주는 게 낫다.

천금의 돈을 자식에게 전해주느니 재주를 하나 가르쳐 주는 게

낫다. (《한서》[1])

4

최고의 즐거움은 책 읽는 즐거움이고,
무엇보다 중요한 일은 자식을 가르치는 일이다.

5

안으로 훌륭한 부모 형제가 없고 밖으로 엄한 스승과 친구가
없이 무언가 성취한 사람은 드물다. (여형공[2])

6

남자아이가 가르침을 받지 못하면
자라나 반드시 미련하고 어리석게 되고,
여자아이가 가르침을 받지 못하면
자라나 반드시 대충대충하고 꼼꼼하지 못하게 된다. (태공)

7

남자아이가 커가면 풍악과 술을 익히게 하지 말고,
여자아이가 커가면 놀러 다니지 못하게 하라.

8

엄한 아버지가 효자를 길러 내고

엄한 어머니가 효녀를 길러 낸다.

9

아이를 사랑하거든 매를 많이 때려 주고
아이를 미워하거든 먹을 것을 많이 줘라.

10

세상 사람 모두 구슬과 옥을 사랑하지만
나는 다만 자손이 훌륭해짐을 사랑한다.

1. 《한서》(漢書)는 중국의 역사책으로 전한(前漢)의 고조(高祖)에서부터 왕망(王莽)이 찬탈하기까지의 229년 동안을 기록했다. 후한(後漢)의 사관인 반표(班彪)가 기록하기 시작했으며 그의 맏아들 반고(班固)가 뒤를 이어 20년간 계속하였다. 그러나 그도 끝을 맺지 못하고 감옥에서 죽자 반고의 누이동생 반소(班昭)가 마무리하였다.

한서는 《사기》의 기술 체계를 따랐으며 〈형법〉(刑法), 〈오행〉(伍行), 〈지리〉(地理), 〈예문〉(藝文) 등 네 편의 지(志)를 새로 더하였다. 이 가운데 〈지리지〉는 후세 지리학의 발달에 큰 영향을 끼쳤으며 〈예문지〉는 《칠략》(七略)을 기초로 작성하여 체제가 매우 엄정하다.

2. 여형공(呂滎公)은 중국 북송 때의 학자로 이름은 희철(希哲)이고 자는 원명(原明)이다. 형양군공(滎陽郡公)에 봉해졌으므로 여형공이라고 불렸다. 저서로는 《여씨잡기》(呂氏雜記)가 있다.

11. 마음을 살펴라 _상[省心 上]

성심편은 원래 한 편이었는데 분량이 너무 많아 나중에 상·하로 나뉘어졌다.
이 편은 상편에 해당하며 모두 55장으로 구성되어 있다.
주제가 포괄적이다 보니 인용되는 내용들도 상당히 다양하다.
충효, 화목, 믿음, 말조심, 검소 등의 생활덕목들이 등장하며
돈 때문에 사람 사이의 정이 멀어지는 세태도 꼬집고 있다.
인생살이를 노래한 시들은 깊이 음미해 볼만하다.

1

보물은 쓰다 보면 결국 바닥이 나지만
충효는 해도해도 끝이 없다. 《경행록》

2

집안이 화목하면 가난도 달갑다.
의롭지 못하다면 부유한들 무엇하랴.
효도하는 자식 하나면 충분하지
자손이 많은들 무엇하랴.

3

아버지 마음에 근심의 그림자 깃들지 않음은 자식이 효성스럽
기 때문이다.

남편 얼굴에 번뇌의 그늘이 비치지 않음은 아내가 어질기 때문
이다.

주절주절 수다스럽고 말에 실수가 많음은 모두가 술 탓이다.

의리가 끊어지고 친분이 멀어짐은 다만 돈 때문이다.

4

정도를 벗어나는 즐거움을 누렸다면 뜻하지 않게 다가올 근심
에 대비하라.

5

사랑받고 있을 때는 버림받을 때를 미리 생각하고,

편안하게 지내고 있을 때는 위험에 처하게 될 때를 미리 생각
하라.

6

영예가 가벼우면 욕됨이 적고,

이익이 무거우면 손해도 크다.

7

지나친 아낌은 반드시 심한 낭비를 가져온다.

지나친 칭찬은 반드시 심한 비난을 가져온다.

지나친 기쁨은 반드시 심한 슬픔을 가져온다.

지나친 축적은 반드시 심한 망실을 가져온다.

8

높은 벼랑을 보지 못한 사람이 어찌 굴러 떨어지는 환난을 알
겠는가.

깊은 샘에 가 보지 못한 사람이 어찌 빠져죽는 환난을 알겠는가.

큰 바다를 보지 못한 사람이 어찌 드센 풍파의 환난을 알겠는
가. (공자)

9

앞으로 올 날을 알고 싶거든 이미 지나간 날들을 살펴보라.

10

맑은 거울은 모습을 살펴보는 것이고

지나간 날들은 지금을 알아보는 것이다. (공자)

11

지나간 일들은 밝기가 거울 같고

다가올 일들은 어둡기가 칠흑같다.

12

내일 아침 일은 오늘 저녁에 기약할 수 없고,

오늘 저녁 일은 오늘 오후에 기약할 수 없다. (《경행록》)

13

하늘에는 예측 못할 바람과 비가 있고,

사람에게는 아침 저녁 달라지는 화와 복이 있다.

14

아직 흙 속으로 돌아가기 전에는 백 살을 넘게 살기 어렵고,

이미 죽어 흙 속으로 돌아간 뒤에는 그 무덤 백 년을 유지하기
어렵네.

15

나무를 잘 기르면 뿌리가 튼튼하고 가지와 잎이 무성하여 기둥
과 들보로 쓸 재목이 이루어진다.

물을 잘 관리하면 물의 근원이 왕성하고 흐름이 길어 관개의
이로움이 널리 베풀어진다.

사람을 잘 기르면 뜻과 기운이 크고 식견이 밝아져서 충성스럽
고 의로운 선비가 나오니 어찌 기르지 않겠는가. (《경행록》)

16

자신을 믿는 사람은 다른 사람도 믿어서

오나라 월나라 같이 원수사이[1]라도 모두 형제일 수 있다.

자신을 의심하는 사람은 다른 사람도 의심해서 자신 외에는 모두 적국이 된다.

17
의심스러운 사람은 쓰지 말고,
일단 사람을 믿고 썼으면 의심하지 말라.

18
물 속의 물고기와 하늘 높이 기러기는
높아도 쏘아 잡고 깊어도 낚지마는
사람의 마음은 지척간에 있어도
지척간의 사람 마음 도무지 알 수 없네. (《풍간》[2])

19
호랑이를 그릴 때 가죽은 그려도 뼈는 그리기 힘들다.
사람을 안다 해도 얼굴은 알아도 마음은 알 수 없다.

20
마주 보고 함께 이야기를 해도 두 마음 사이엔 겹겹 산들이 가로막혀 있다.

21

바다는 마르면 마침내 바닥을 볼 수 있지만
사람은 죽고 나서도 끝내 마음을 알 수 없다.

22

무릇 사람을 미리 점칠 수는 없다.
바닷물을 됫박으로 잴 수 없는 것처럼 말이다. (태공)

23

남과 원한을 맺는 것을 바로 '재앙의 씨앗을 심는 일'이라 하고,
착한 일을 내버리고 하지 않는 것을 바로 '자신을 해치는 일'이
라고 한다. (《경행록》)

24

만약 한쪽 말만 들으면 친하던 사이가 멀어질 것이다.

25

배부르고 따뜻하면 나쁜 마음이 생기고,
배고프고 추워야 올바른 생각이 싹튼다.

26

현명한 사람이 재물을 많이 가지면 지조를 손상하게 되고,

어리석은 사람이 재물을 많이 가지면 허물이 더 늘어나게 된다. (소광³)

27
사람이 가난하면 지혜가 짧아지고,
복이 오면 마음도 지혜로워진다.

28
한 가지 일을 겪지 않으면
한 가지 지혜가 자라나지 않는다.

29
옳으니 그르니 하루 종일 옥신각신해도
솔깃해서 듣지 않으면 저절로 없어진다.

30
옳으니 그르니 이야기하려는 사람, 이 사람이 바로 옳으니 그르니 시끌벅적 말썽을 일으키는 사람이다.

31
평생에 눈살 찌푸릴 일 하지 않으면
세상에 이를 갈 사람 하나 없으리.

큰 이름을 어찌 무딘 돌에 새기랴.
길가는 사람의 말 한마디 비석보다 나으리. (《격양시》)

32
사향을 지니면 저절로 향기나는데 무엇하러 바람을 향해 서겠
는가.

33
복 있다고 모두 다 누리지 말라.
복 다하면 그 몸이 가난해지네.
세력 있다 함부로 부리지 말라.
세력이 다하면 원수를 만나게 되네.
복 있을 때 항상 아껴 두시오.
세력 있을 때 남에게 공손하시오.
사람이 살면서 교만하고 사치하면
시작은 번드르해도 끝은 형편없다오.

34
받은 재주 남겨 뒀다 조물주께 돌려 주고
받은 녹봉 남겨 뒀다 나라에 돌려 주고
받은 재물 남겨 뒀다 백성에게 돌려 주고
받은 복 남겨 뒀다 자손에게 돌려 주리. (왕참정[4]의 〈사류명[5]〉)

35

황금 천 냥이 귀중한 것이 아니다.
남에게 좋은 말 한 마디 듣는 것이 천금보다 낫다.

36

솜씨 좋은 사람은 서투른 사람의 종이다.
괴로움은 즐거움의 어머니다.

37

작은 배는 무거운 짐을 감당할 수 없다.
으슥한 길은 혼자 다녀서는 안 된다.

38

황금이 귀한 것이 아니라
안락함이 훨씬 더 값진 것이다.

39

자기 집에 있을 때 손님을 맞아 대접할 줄 모르면
밖에 나갔을 때 비로소 자기를 맞아 주는 주인이 적음을 알게
된다.

40

가난하면 시끌벅적한 시내에 살아도 서로 아는 사람이 없지만,
부유하면 깊은 산골에 살아도 멀리서 찾아오는 친구가 있다.

41

사람의 의리는 다 가난한 데서 끊어진다.
세상의 인정은 곧잘 돈 있는 집으로 쏠린다.

42

차라리 밑 빠진 항아리는 막아도,
코 아래 가로 놓인 입은 막기 어렵다.

43

사람의 정은 모두 군색한 가운데 서먹서먹해진다.

44

하늘에 교제를 지내고 사당에 제례를 올릴 때 술이 아니면 제
향하지 못한다.
임금과 신하, 친구와 친구간에 술이 아니면 의리를 도탑게 할
수 없다.
다툰 후 서로 화해할 때 술이 아니면 권하지 못한다.
그러므로 술에는 성공도 있고 실패도 있으니 함부로 마셔서는

안 된다. (《사기》[7])

45

선비로서 도에 뜻을 두면서도 좋지 않은 옷과 음식을 부끄러워
하는 사람은 함께 의논할 만하지 않다. (공자)

46

선비 곁에 시기심 많은 친구가 있으면
현명한 친구와 사귈 수 없다.
임금 곁에 질투심 많은 신하가 있으면
현명한 신하가 오지 않는다. (순자)

47

하늘은 복록 없는 사람을 낳지 않으며,
땅은 이름 없는 풀을 기르지 않는다.

48

큰 부자는 하늘에 달려 있고
작은 부자는 부지런함에 달려 있다.

49

집안 이룰 아이는 거름도 황금처럼 아끼지만,

집안 망칠 아이는 황금도 거름처럼 펑펑 쓴다.

50

편안하여 걱정거리 없다고 말하지 마라.
걱정거리 없다 하자 바로 생긴다.
입에 맞는 음식도 과식하면 병 생기고
마음에 기쁜 일도 지나치면 재앙 온다.
병난 후에 좋은 약 먹기보다는
병나기 전 예방함이 훨씬 나으리. (소강절)

51

원한 맺힌 병에는 고칠 약 없고
가난뱅이 횡재해도 부자 안 되네.
일 만들어 번잡하다 원망을 말고
남 해치고 보복받아 화내지 말라.
천지간에 일이란 게 준 대로 받으니
멀게는 자손에게 가깝게는 내 몸에. (재동제군[8] 의 〈수훈〉)

52

꽃은 지고 피고 피었다가 또 지고
비단옷도 입었다가 삼베옷도 입었다가
부자라고 항상 잘살 수 없고

가난하다 오랫동안 적막치 않다.
사람은 받쳐 줘도 하늘까진 못 오르고
사람은 떠밀어도 구렁까진 안 떨어져
그대여 모든 일에 하늘을 원망 마라.
하늘은 더 주고 덜 주고 하지 않는다.

53
아! 사람 마음 독하기가 독사와 같다.
누가 알리 하늘의 눈이 수레처럼 돌아감을
작년에 빼앗아 온 동쪽 집의 물건이
오늘은 또 다시 북쪽 집에 가는구나.
의롭지 않은 재물 끓는 물에 눈 뿌리듯
뜻밖에 얻은 논밭 물에 씻긴 모래마냥
간교한 속임수로 생계를 삼는다면
아침에 피었다가 저녁에 지는 꽃과 같다.

54
약으로도 재상의 목숨을 고칠 수 없으며
돈으로도 자손의 현명함을 살 수 없다.

55
어느 하루 맑고 한가로우면 나는 바로 그 하루의 신선이다.

1. 오나라와 월나라의 관계를 잘 나타내는 것이 유명한 '와신상담'(臥薪嘗膽)의 고사이다. 와신상담이란 땔나무 위에서 잠을 자고 쓸개를 맛본다는 뜻으로 어떤 목적을 달성하기 위해 온갖 고난을 견뎌내는 것을 비유한다.

오나라 왕 합려는 월나라 왕 구천과의 싸움에서 패하여 손가락에 화살을 맞게 되었는데, 그 부상이 악화되어 결국 죽음을 맞게 되었다. 합려는 숨을 거두며 아들 부차에게 자신의 원수를 갚아 달라고 유언하였다. 부차는 아버지의 유언을 잊지 않으려고 땔나무 위에서 잠을 잤으며 자기 방을 드나드는 신하들에게 방문 앞에서 아버지의 유언을 큰소리로 외치도록 하였다.

그로부터 3년 뒤 오나라와 월나라의 싸움에서 월나라는 크게 패하였고 구천은 가까스로 목숨을 건졌다. 그때부터 구천은 곁에 쓸개를 두고 그 쓴맛을 맛보며 패배의 치욕을 되살렸다. 그로부터 9년 뒤에 마침내 구천이 오나라에 쳐들어와 부차를 죽이고 오나라를 멸망시켰다.

2.《풍간》(諷諫)은 풍자로 사람을 깨우쳐 주는 책인 듯하다. 자세한 것은 알 수 없다.

3. 소광(疎廣)은 중국 전한 선제(宣帝) 때의 학자로 자는 중옹(仲翁)이다.《춘추》 (春秋)에 정통했다고 한다. 태자의 스승으로 있다가 늙음을 이유로 사퇴를 하자 선제와 태자가 후한 재물을 내렸다.

그런데 그는 받은 재물을 친한 사람들에게 다 나누어 주었다. 어떤 사람이 자손을 위해서 남겨 두라고 권하자 위와 같이 말했다고 한다.

4. 왕참정(王參政)은 중국 북송 진종(眞宗) 때의 재상으로 이름은 단(旦)이고 자는 자명(字明)이다. '참정'은 그의 벼슬 이름이며, 시호는 문정(文正)이다.

5.〈사류명〉(四留銘)은 남겨 두어야 할 네 가지를 경계하며 지은 짧은 글이다.

6. 교제(郊祭)는 교외에서 지내는 제사라는 뜻이다. 동지에 남쪽 교외에서 하늘에 제사를 지내고, 하지에 북쪽 교외에서 땅에 제사를 지냈다.

7.《사기》(史記)는 중국의 역사책으로 전설시대인 황제(黃帝)로부터 전한 무제(武帝) 때까지 약 3천 년 동안의 역사를 기록하고 있다. 전한 때의 사관 사마천(司馬遷)이 역시 사관이었던 아버지 사마담(司馬談)이 모아 두었던 자료들을 바탕으로

쓴 것이다.

〈본기〉(本紀) 12편, 〈표〉(表) 10편, 〈서〉(書) 8편, 〈세가〉(世家) 30편, 〈열전〉(列傳) 70편의 총 130편으로 구성되어 있다. 정치, 경제, 군사뿐만 아니라 천문, 역법, 예악, 지리 등 사회 상황까지도 상세하게 적혀 있어 고대 중국 문화를 이해하는 데 중요한 자료가 되고 있다. 본기, 세가, 열전, 표 등의 기술 방법은 후대 역사 기술의 전형이 되면서 '정사'(正史)의 체제로 자리잡았다. 문장이 유려하여 문학적 가치도 인정받고 있다.

후한 때 반표(班彪)가 한 무제 이후의 역사를 담아 《사기후전》(史記後傳)을 펴냈으며, 그의 아들 반고(班固)로 이어져 《한서》(漢書)가 탄생되었다.

8. 재동제군(梓潼帝君)은 도교에서 받들어 모시는 신선이다. 문창제군(文昌帝君)이라고도 불린다. 《도교대사전》에는 이렇게 나와 있다.

"복록에 관한 문서를 관장하는 신이다. 《명사》(明史)〈예지〉(禮志)에서 말하기를 '재동제군은 성이 장(張)이고, 이름은 아자(亞子)이다. 촉(蜀)나라 칠곡산(七曲山)에서 살았다. 진(晉)나라에서 벼슬을 했으며 전쟁터에서 죽었는데 사람들이 그를 위하여 사당을 짓고 제사를 지냈다. 당·송 때 자주 봉호를 내려 영현왕(英顯王)에 이르렀으며 도가에서는 그를 재동제군이라고 칭하고 문창부(文昌府)의 일과 인간의 복록에 관한 문서를 관장하게 하였다. 그래서 원나라 때 제군(帝君)이라고 봉호를 더해 주었다. 모든 학교에서 사당을 짓고 매년 2월 3일에 제사를 지냈다."

12. 마음을 살펴라 _ 하[省心 下]

이 편은 35장으로 구성되어 있으며 상편과 마찬가지로 인용되는 내용들이 상당히 다양하다.
취한 뒤에는 더 이상 술 마시지 말라는 등의 구체적인 생활덕목들로부터
성리학, 도교, 불교 등의 사상이 담긴 여러 형태의 글을 만날 수 있다.

1

위태함과 험함을 알면 언제나 죄의 그물에 걸리는 일이 없을
것이다.

착한 사람을 추켜세우고 어진 사람을 천거하면

저절로 몸을 편안히 하는 길이 열릴 것이다.

인을 베풀고 덕을 펴면 대대로 영예롭고 번창할 것이다.

질투하는 마음을 품고 원한을 갚으면

자손에게 위태로움과 환난이 미칠 것이다.

남에게 손해를 입혀 자기를 이롭게 하면

끝내 이름을 빛내는 후손이 없을 것이다.

뭇 사람에게 해를 끼쳐 집안을 이룬다면 어찌 부귀가 오래가겠
는가.

이름이 바뀌고 몸이 달라지는 일은

모두가 교묘한 말 때문에 생겨난다.
재앙이 일어나 몸을 다치게 되는 일은
모두가 어질지 못해서이다. (진종[1])

2

올바르지 못한 재물을 멀리하고 과음을 삼가라.
이웃을 가려 살고 친구를 가려 사귀어라.
시기와 질투를 마음에 일으키지 말고
남을 헐뜯는 말을 입에 올리지 말라.
친척 중에 가난한 사람을 홀대하지 말고
남들 중에 부자인 사람을 후대하지 말라.
자기를 이겨내는 데는 부지런함과 검소함을 최우선으로 삼고
뭇 사람을 사랑하는 데는 겸손함과 온화함을 최우선으로 삼아라.
항상 지나간 날들의 잘못을 생각하고
앞으로 올 날들의 허물을 생각하라.
만약 나의 이 말을 따른다면
집안과 나라가 잘 다스려져 긴 세월 이어지리라. (신종[2])

3

별똥만한 불티 한 점이 만경의 섶을 태울 수 있다.
반마디 그릇된 말이 평생의 덕을 허물 수 있다.
몸에 한오라기 실을 걸쳐도 베 짜는 여인의 수고를 항상 생각

하라.

　하루에 세끼 밥을 먹어도 농사짓는 사람의 노고를 늘 생각하라.

　구차하게 욕심내고 다른 사람을 질투하여 손해를 입힌다면

　끝내 십 년의 편안함이 없을 것이다.

　늘 착하게 살고 어질게 살면

　반드시 영예롭고 빛나는 후손이 날 것이다.

　행복과 경사는 대부분 선행을 쌓은 데서 온다.

　성인의 경지로 들어가 평범함을 초월하는 것은

　모두가 참되고 진실한 데서 얻어진다. (고종[3])

4

　그 임금을 알고 싶거든 먼저 그의 신하를 보라.

　그 사람을 알고 싶거든 먼저 그의 친구를 보라.

　그 아버지를 알고 싶거든 먼저 그의 아들을 보라.

　임금이 성군이면 그 신하가 충성스러운 법이다.

　아버지가 인자하면 그 아들이 효성스러운 법이다. (왕량[4])

5

　물이 너무 맑으면 사는 고기가 없고

　사람이 너무 따지면 주변에 사람이 없다. (《공자가어》[5])

6

봄비가 땅을 기름지게 하지만 길가는 사람은 그 질척거림을 싫어한다.

가을달이 휘영청 밝지만 도둑질하는 사람은 그 밝게 비춤을 미워한다. (허경종[6])

7

대장부는 착함을 보는 것이 밝으므로 명예와 절개를 태산보다 무겁게 여기고

마음씀이 세심하므로 죽음과 삶을 기러기털보다 가볍게 여긴다. 《경행록》)

8

남의 흉한 일을 애틋하게 여기고 남의 좋은 일을 즐거워하라.

남의 다급한 일을 도와주고 남의 위태한 일을 구하여 주라.

9

눈으로 본 일도 다 믿지 못하는데 등 뒤에서 한 말이야 어찌 깊이 믿을 만하겠는가.

10

자기집 두레박줄 짧은 건 원망 않고 남의 집 우물만 깊다고 원

망한다.

11

어두운 돈 거래 온 세상에 가득 차도
애꿎게 죄받는 건 복 없는 사람이다.

12

하늘이 만약 일정한 법칙을 잃으면
바람 불거나 비가 올 것이다.
사람이 만약 일정한 법도를 어기면
병 나거나 죽을 것이다.

13

나라가 바르면 하늘이 온순하고
관청이 맑으면 백성이 편안하네.
아내가 어질면 남편이 재앙을 면하고
자식이 효도하면 부모 마음 관대하네. (〈장원시〉[7])

14

나무는 먹줄을 따르면 곧아지고
사람은 충고를 받아들이면 성스러워진다. (공자)

15

한 줄기 푸른 산 경치가 그윽한데

앞사람의 논밭을 뒷사람이 거둔다네.

뒷사람은 논밭을 거두었다 기뻐 마라.

또 다시 거둘 사람 바로 뒤에 있으니.

16

아무 까닭없이 천금을 얻으면 큰 복이 있는 게 아니라

반드시 큰 화가 닥칠 것이다. (소동파[8])

17

한 사람이 내게 와서 점을 묻기를

무엇이 복이고 무엇이 화인가 하네.

내가 남을 해롭게 하는 것이 화이고

남이 나를 해롭게 하는 것이 복이라네. (소강절)

18

천 칸짜리 고대광실이라도 밤에 누울 자리는 여덟 자면 충분하고

기름진 밭이 만경이라도 하루에 먹는 쌀은 두 되면 충분하다.

19

오래 머물면 사람이 천대를 받고 자주 오면 친분도 멀어진다.
단지 사나흘만에 서로 보아도 보는 것이 처음만 같지 못하다.

20

목마를 때 한방울 물은 감로수 같고
취한 뒤에 한잔 술은 없는 게 낫다.

21

술이 사람을 취하게 하나 사람이 스스로 취하는 거지.
여자가 사람을 미혹시키나 사람이 스스로 미혹된다네.

22

공공을 위하는 마음이 개인을 위하는 마음 같다면 무슨 일인들
잘해내지 못할까.
진리를 향하는 마음이 정욕을 향하는 마음 같다면 벌써 부처가
되고도 남으리라.

23

잔꾀 많은 사람은 말을 잘하고 우둔한 사람은 입을 꾹 다문다.
잔꾀 많은 사람은 바둥거리며 애를 쓰고 우둔한 사람은 유유히
편안하다.

잔꾀 많은 사람은 그악스러운데 우둔한 사람은 심성이 곱다.

잔꾀 많은 사람은 흉하고 우둔한 사람은 길하다.

아아! 온 세상이 우둔하면 형벌이 없어져서 윗사람은 편안하고

아랫사람은 온순하며 풍속이 맑아지고 폐단이 없어질 텐데.

(염계선생[9])

24

덕이 보잘것없으면서도 지위가 높고,

지혜가 작으면서도 꾀하는 일이 크다면

화를 당하지 않는 사람이 드물 것이다. (《주역》[10])

25

관리는 벼슬자리가 생긴 데서 태만해진다.

병은 조금 나은 데서 더 심해진다.

재앙은 게으르고 나태한 데서 생겨난다.

효도는 처자식이 생기는 데서 쇠퇴한다,

이 네 가지를 살펴서 처음처럼 나중에도 조심해야 할 것이다.

(《설원》[11])

26

그릇은 가득 차면 넘치고

사람은 자만하면 잃는다.

27

한 자 옥구슬이 보배가 아니다.

한 치의 시간을 다투라.

28

양고기국이 비록 맛이 좋지만

여러 사람의 입에 다 딱 맞기는 어렵다.

29

흰 옥구슬은 진흙 속에 던지더라도 그 빛을 더럽힐 수 없다.

군자는 혼탁한 곳에 가더라도 그 마음을 어지럽힐 수 없다.

그러므로 소나무와 잣나무는 눈과 서리를 견디어 내고

밝고 지혜로운 사람은 위태로운 환난을 헤쳐 나간다. (《익지서》)

30

산에 들어가 호랑이를 잡는 게 쉽지,

입을 열어 남에게 충고하기란 어렵다.

31

멀리 있는 물이 가까운 불을 끄지 못하듯

멀리 있는 친척은 가까운 이웃만 못하다.

32

해와 달이 비록 밝지만

엎어놓은 단지 밑은 비추지 못하듯이

칼날이 비록 날카롭지만

죄 없는 사람은 베지 못하며

나쁜 재앙과 횡액은

조심하는 집 문에는 들어가지 못한다. (태공)

33

기름진 땅 만경을 가지느니

보잘것없는 재주라도 한 가지 몸에 있는 게 낫다. (태공)

34

사물을 접하는 요체는 자기가 하기 싫은 일을 남에게 베풀지 않는 것과 실행하고도 결과를 얻지 못하면 자기 자신에게 그 원인을 찾는 일이다. (《성리서》)

35

술 여색 재물 기운의 네 담장 안에

잘난 사람 못난 사람 행랑에 앉아 있네.

세상사람들이 그곳을 뛰쳐나오면

그게 바로 신선이요 죽지 않는 처방이네.

1. 진종(眞宗)은 중국 북송의 제3대 황제로 이름은 항(恒)이다. 재위 기간은 997년에서 1022년까지다.

2. 신종(神宗)은 중국 북송의 제6대 황제로 이름은 욱(頊)이다. 재위 기간은 1067년에서 1085년까지다. 왕안석(王安石)을 등용하여 신법(新法)을 시행했다.

3. 고종(高宗)은 중국 남송의 초대 황제로, 이름은 구(構)이다. 재위 기간은 1127년부터 1162년까지다. 북송 휘종의 아들이며 흠종의 아우이다. 정강(靖康) 2년(1127년) 휘종과 흠종이 함께 금(金)나라의 포로가 되었으나 그는 하북(河北)에서 군대를 조직해 온 덕분에 무사하였으므로 흠종 대신 남경(南京)에서 제위에 올랐다.

4. 왕량(王良)은 중국 한나라 난릉 사람으로 자는 중자(仲子)이다. 한나라를 찬탈한 왕망이 벼슬을 주겠다고 여러 차례 그를 불렀지만 충성을 지키며 응하지 않았다. 후한 광무제 때에야 벼슬에 올랐다. 《후한서》 27권에 그의 열전이 실려 있다.

5. 《공자가어》(孔子家語)는 공자의 언행과 제자들과 주고 받은 대화들을 모아 엮은 책이다. 《한서》(漢書) 〈예문지〉(藝文志)에 27권으로 나와 있으나, 원본은 오래전에 없어졌으며, 현재 전하는 10권은 위(魏)나라 왕숙(王肅)이 모아 위조한 것이다.
《논어》, 《춘추좌전》, 《국어》, 《순자》, 《대대례기》, 《예기》, 《설원》 등에서 고대의 혼인, 상제(喪祭), 교체(郊禘: 천자가 하늘과 땅, 조상에게 제사지내는 것), 묘조(廟祧: 종묘의 먼 조상) 등의 제도에 관한 사항 중 특히 정현(鄭玄)의 예설(禮說)과 다른 것을 뽑았는데, 이는 공자의 권위를 빌려 '정학'(鄭學)을 공격하려는 의도에서였다. 왕숙은 《성증론》(聖證論)에서 정현과 다른 설을 제기하면서 그 논거로 자신의 위작인 《공자가어》를 인용하곤 했다.

6. 허경종(許敬宗)은 중국 당나라 고종 때의 재상으로 자는 연족(延族)이다.

7. 〈장원시〉(壯元詩)는 오언절구의 형태로 지어진 시인데 지은이를 알 수 없다.

8. 소동파(蘇東坡)는 중국 북송 때의 문학가로 이름은 식(軾), 자는 자첨(子瞻), 시호는 문충(文忠)이며 '동파'는 그의 호이다. 다재다능한 문학의 거장으로 시와 사(詞) 산문을 비롯하여 그림과 글씨에도 뛰어났다. 아버지인 소순(蘇洵), 아우인 소철(蘇轍)과 함께 '삼소'(三蘇)라고 불리며 당송팔대가의 한 사람이다. 〈적벽부〉(赤壁賦)는 아직도 사람들의 입에 오르내리고 있으며, 《동파전집》(東坡全集)이 전한다.

9. 염계선생은 주렴계(周濂溪)를 가리킨다. 주렴계는 중국 북송 때의 사상가로 이름은 돈이(敦頤)이고 자는 무숙(茂叔)이며 '염계'는 그의 호이다. 성리학의 시조로 불린다.
그는 역학(易學)에 정통하였으며 도교의 태극도(太極圖)와 유가의 역설(易說)을 혼합하여 《태극도설》(太極圖說)을 지었다. 여기서 그는 태극(太極)이 무극(無極)에 근거하며 무극은 우주 만물의 기본이라고 하였다. 또 인극(人極)은 성(誠)이며 모든 행실의 근본이라고 하였다.
무극, 태극, 이(理), 기(氣), 심(心), 성(性), 명(命) 등에 관한 학설은 후대 성리학자들이 공통으로 연구하는 중요 테마가 되었다. 저서에 《염계집》(濂溪集) 6권이 있고, 《주자전서》(周子全書) 22권에 그의 저작이 들어 있다.

10. 《주역》(周易)은 〈경〉(經)과 〈전〉(傳)의 두 부분을 포괄한다. 그러나 원래의 《주역》은 은나라와 주나라의 교체 시기에 만들어진 점술서로 〈경〉으로만 이루어진 책이다. 〈경〉은 64괘의 괘획(卦畫), 표제(標題), 괘사(卦辭), 효사(爻辭) 네 부분으로 되어 있다. 64가지 상징 부호가 64괘이다.
두 가지 기본 부호가 '─'과 '--'인데 이것을 '효'(爻)라고 부른다. '─'은 양효(陽爻)이며 '--'은 음효(陰爻)이다. 이 두 가지 기본 부호가 조합 배열되어 3개의 효가 하나의 '괘'를 구성하여 '팔괘'(八卦)가 이루어진다. 팔괘는 다시 두 개가 한 조

가 되어 서로 배합되면서 64괘를 구성한다. 64괘는 모두 괘획 뒤에 표제가 붙어 있는데 그것이 괘명(卦名)이다. 그 뒤에 다시 간단한 괘사(卦辭)가 있어 괘의 의미를 설명하며 효사(爻辭)가 있어 각 효의 내용에 대해 해석하고 있다.

《주역》의 저자에 대해서는 복희(伏羲)가 괘를 그렸고 주나라 문왕이 괘사와 효사를 지었다는 설이 옛부터 전해온다. 현대의 학자들에 따르면 《주역》은 실제로는 고대 점복(占卜)의 기록과 현실 생활의 경험이 오랜 세월 동안 축적되고 개괄되면서 섬세하게 다듬어져 이루어진 것이라고 한다.

〈전〉은 〈경〉과 달리 철학적인 부분이다. 〈전〉은 모두 10편으로 '십익'(十翼)이라고 불린다. '십익'은 글자 그대로 '열 개의 날개'이므로 역경을 보충하고 보조한다는 의미이다. 〈전〉은 공자가 쓴 것이라고 전해 내려왔으나 대체적으로 전국시대 후기에서 진한의 교체기에 이르는 시기에 이루어진 몇몇 유학자들의 저작이라고 할 수 있다.

〈경〉에서 〈전〉에 이르는 기나긴 역사적 변천 과정을 거치면서 《주역》에는 중국 민족의 풍부한 생활 경험과 철학적 지혜가 축적되었다. 그래서 후세 사람들이 끊임없이 가공하며 창조하는 '원전'이 되어 역학 연구의 전통을 형성하였다.

11. 《설원》(說苑)은 중국 전한 때의 유향(劉向)이 유명한 사람들의 일화를 모아 편찬한 책이다.

13. 가르침을 세워라[立敎]

입(立)은 세운다는 뜻이고 교(敎)는 가르침이라는 뜻이다.
이 편은 모두 15장으로 구성되어 있으며 한 개인과 가정과 사회와 국가가
올바른 원칙을 세워야 한다는 뜻을 담고 있다.

1

몸을 세우는 데는 뜻이 있는데 효도가 그 근본이다.

초상과 제사에는 예절이 있는데 슬픔이 그 근본이다.

전투 배치에는 질서가 있는데 용기가 그 근본이다.

정치를 하는 데는 이치가 있는데 농사가 그 근본이다.

나라를 지키는 데는 도리가 있는데 후사가 그 근본이다.

재화를 생산하는 데는 시기가 있는데 노동력이 그 근본이다.

(공자)

2

정치를 하는 요체는 바로 공정함과 청렴함이다.

집안을 이루는 도리는 바로 검소함과 부지런함이다. 《경행록》

3

책을 읽는 것이 집안을 일으키는 근본이다.

이치를 따르는 것이 집안을 지키는 근본이다.

부지런하고 검소한 것이 집안을 다스리는 근본이다.

화목하고 순종하는 것이 집안을 가지런히 하는 근본이다.

4

일생의 계획은 어릴 때 세운다.

일년의 계획은 봄에 세운다.

하루의 계획은 새벽에 세운다.

어릴 때 공부하지 않으면

늙어서 아는 것이 없다.

봄에 밭 갈지 않으면

가을에 거둘 것이 없다.

새벽에 일어나지 않으면

그날에 할 일을 하지 못한다. (〈공자삼계도〉[1])

5

다섯 가지 가르침의 조목이 있다.

첫째, 부모와 자식 사이엔 친애가 있어야 한다.

둘째, 임금과 신하 사이엔 의리가 있어야 한다.

셋째, 남편과 아내 사이엔 분별이 있어야 한다.

넷째, 어른과 아이 사이엔 차례가 있어야 한다.
다섯째, 친구와 친구 사이엔 믿음이 있어야 한다. (《성리서》)

6
세 가지 벼리가 있다.
임금은 신하의 벼리이다.
부모는 자식의 벼리이다.
남편은 아내의 벼리이다.

7
충신은 두 임금을 섬기지 않고
열녀는 두 남편을 거치지 않는다. (왕촉[2])

8
벼슬살이 할 때는 공평함이 제일이고,
재물을 대할 때는 청렴함이 제일이다. (충자[3])

9
말은 성실하게 하라.
행동은 공경스럽게 하라.
음식은 절도 있게 먹으라.

글씨는 반듯하게 써라.

용모는 단정하게 하라.

옷매무새는 깨끗하게 하라.

걸음걸이는 편안하게 하라.

거처는 조용하게 하라.

일은 계획을 세워 시작하라.

말을 하였으면 반드시 실천하라.

늘 덕성을 견지하라.

허락은 신중히 하라.

착함을 보면 내 일처럼 기뻐하라.

나쁨을 보면 내 병처럼 미워하라.

이 열 네 가지를 나는 아직 깊이 성찰하지 못하였다.

이것을 자리 오른쪽에 써 붙이고 아침 저녁으로 바라보고 마음을 다진다. (장사숙[4]의 〈좌우명[5]〉)

10

첫째, 조정의 이해와 변방의 보고와 관직 임명에 대하여 말하지 않는다.

둘째, 지방 관원의 장단점과 득실에 대하여 말하지 않는다.

셋째, 여러 사람이 저지른 잘못된 일과 나쁜 일에 대하여 말하지 않는다.

넷째, 벼슬자리에 나아가 관직에 있으면서 시세를 엿보다 세력에 빌붙는 일에 대하여 말하지 않는다.

다섯째, 재물과 이익이 많고 적음과 가난을 싫어하고 부자 되기를 원한다고 말하지 않는다.

여섯째, 음란하게 희롱하며 여색을 평하는 말을 하지 않는다.

일곱째, 다른 사람의 물건을 요구하거나 술과 밥을 얻으려는 말을 하지 않는다.

또 다른 사람이 부탁한 편지를 중간에 뜯어 보거나 지체해서는 안 된다.

다른 사람과 같이 앉았을 때 그의 사적인 글을 엿보아서는 안 된다.

다른 사람의 집에 들어갔을 때 써놓은 글씨를 보아서는 안 된다.

다른 사람의 물건을 빌려서는 손상시키거나 돌려주지 않는 일이 있어서는 안 된다.

음식을 먹을 때는 가려먹어서는 안 된다.

다른 사람과 같이 있으면서 자기만 편하려고 해서는 안 된다.

다른 사람의 부귀를 무턱대고 부러워하거나 괜히 배알이 틀려 헐뜯어서는 안 된다.

이 몇 가지 일을 어긴다면 그 마음 씀씀이가 현명하지 못함을 알 것이니 마음을 바르게 하고 몸을 닦는 데에 크게 해로운 점이 있을 것이다. 그래서 이 글을 써두고 스스로 마음을 굳게 다진다.
(범익겸[6]의 〈좌우명〉)

11

무왕[7]이 태공에게 물었다.

"사람이 세상을 살아가는 데에 있어서 왜 귀천과 빈부가 고르지 않습니까? 원컨대 그대의 설명을 들어 이것을 알고자 합니다."

태공이 대답하였다.

"부귀는 성인의 덕과 같아서 다 천명에 달려 있습니다. 부유한 사람은 쓰는 데 절제가 있고, 부유하지 못한 사람은 집안에 '열 가지 도둑'이 있기 때문입니다."

12

그러자 무왕이 물었다.

"열 가지 도둑이 무엇입니까?"

태공이 이렇게 대답하였다.

"곡식이 다 익었는데도 거두지 않는 것이 첫째 도둑입니다.

거두어 들여 쌓는 일을 잘 마무리하지 않는 것이 둘째 도둑입니다.

아무 일 없이 불을 환히 켜놓고 잠이나 자는 것이 셋째 도둑입니다.

게을러서 밭에 나가 일하지 않는 것이 넷째 도둑입니다.

일을 이루기 위해 노력하지 않는 것이 다섯째 도둑입니다.

교활하고 해로운 일만 하는 것이 여섯째 도둑입니다.

딸을 너무 많이 기르는 것이 일곱째 도둑입니다.

낮잠을 자고 일어나기를 게을리 하는 것이 여덟째 도둑입니다.

술과 환락을 탐하는 것이 아홉째 도둑입니다.

남을 몹시 질투하는 것이 열째 도둑입니다."

13

그러자 무왕이 물었다.

"집안에 열 가지 도둑이 없는데도 부유하지 못한 것은 무엇 때문입니까?"

태공이 이렇게 대답하였다.

"그런 사람의 집에는 반드시 '세 가지 덜어내는 것'이 있을 것입니다."

무왕이 물었다.

"세 가지 덜어내는 것은 무엇입니까?"

태공이 대답하였다.

"창고가 새거나 넘치는 데도 단도리를 하지 않아서 쥐와 새들이 마구 먹어버리는 것이 첫 번째 덜어내는 것입니다.

거두고 심는 적절한 시기를 놓쳐 버리는 것이 두 번째 덜어내는 것입니다.

곡식을 버리고 흩뜨려 함부로 하는 것이 세 번째 덜어내는 것입니다."

14

그러자 물었다.

"집안에 세 가지 덜어내는 것이 없는데도 부유하지 못한 것은 무엇 때문입니까?"

태공이 이렇게 대답하였다.

"그런 사람의 집에는 반드시 첫째 '어긋남'〔錯〕, 둘째 '그름'〔誤〕, 셋째 '미련함'〔痴〕, 넷째 '잃음'〔失〕, 다섯째 '거스름'〔逆〕, 여섯째 '나쁨'〔不祥〕, 일곱째 '곁다리낌'〔奴〕, 여덟째 '볼품없음'〔賤〕, 아홉째 '어리석음'〔愚〕, 열째 '억지씀'〔强〕이 있어서 재앙을 스스로 불러들이는 것이지 하늘이 재앙을 내리는 것이 아닙니다."

15

그러자 무왕이 말하였다.

"원컨대 그 내용을 모두 듣고 싶습니다."

태공이 이렇게 대답하였다.

"아들을 기르며 가르치지 않는 것이 첫째 '어긋남'입니다.

어린아이를 훈계하지 않는 것이 둘째 '그름'입니다.

처음 신부를 맞아들여서 엄하게 가르치지 않는 것이 셋째 '미련함'입니다.

말도 하기 전에 먼저 웃는 것이 넷째 '잃음'입니다.

부모를 봉양하지 않는 것이 다섯째 '거스름'입니다.

밤에 알몸으로 일어나는 것이 여섯째 '나쁨'입니다.

남의 활을 가지고 쏘기를 좋아하는 것이 일곱째 '곁다리낌'입니다.

남의 말 타기를 좋아하는 것이 여덟째 '볼품없음'입니다.

남의 술을 마시면서 남에게 권하는 것이 아홉째 '어리석음'입니다.

남의 밥을 먹으면서 친구들에게 먹으라고 말하는 것이 열째 '억지씀'입니다."

무왕이 감탄하며 말하였다.

"정말 아름답고 진실하구나! 이 말씀이여!"

1. 〈공자삼계도〉(孔子三計圖)는 전거를 확인할 수가 없다. 공자가 위에서 말한 세 가지 계획을 이해하기 쉽게 그림으로 나타낸 것이 아닌가 생각된다.

2. 왕촉(王蠋)은 중국 전국시대 제(齊)나라 사람이다. 제나라가 연(燕)나라에게 망한 뒤에 연나라 장군 악의(樂毅)가 그에게 항복을 권하자 위의 말을 한 다음 자결하였다고 한다.

3. 충자(忠子)는 누구인지 알 수 없다.

4. 장사숙(張思叔)은 중국 북송 때의 사상가로, 이름은 역(繹)이고 '사숙'은 그의 자이다. 정이천의 제자이다.

5. 〈좌우명〉(座右銘)은 자리 오른편에 써두고 항상 스스로를 경계하는 짧은 글이다.

6. 범익겸(范益謙)은 중국 남송 때의 학자로, 이름은 충(冲)이고 '익겸'은 그의 자이다.

7. 무왕(武王)은 주나라 문왕(文王)의 아들로 성은 희(姬), 이름은 발(發)이다. 스승인 강태공(姜太公)과 아우인 주공단(周公旦)의 도움으로 은나라의 폭군 주왕(紂王)을 몰아내고 주왕조를 세웠다.

14. 정치를 잘하라[治政]

치(治)는 다스린다는 뜻이고 정(政)은 바로잡는다는 뜻이다.
그러므로 바로잡고 다스리는 것이 바로 정치인 것이다.
이 편은 모두 8장으로 구성되어 있으며
관직에 있는 사람들이 어떻게 해야 하는지를 가르치고 있다.

1

처음으로 벼슬자리에 오른 사람이더라도 참으로 사물을 사랑하는 마음이 있으면 반드시 다른 사람에게 도움이 될 것이다.
(명도선생[1])

2

위에는 지휘하는 사람이 있고,
중간에는 다스리는 관리가 있으며,
아래에는 백성이 있다.
백성이 바친 비단으로 옷을 지어 입고
곳간에 거두어 둔 곡식으로 밥을 지어먹으니
너희의 녹봉은 바로 백성의 피땀이다.
아래의 백성은 학대하기 쉽지만

위에서 내려다보는 저 푸른 하늘은 속이기 어려우리라.

(당 태종[2])

3

관직을 맡았을 때 지켜야 할 세 가지 원칙이 있다.

청렴과 신중과 근면이다.

이 세 가지를 알면 몸가짐의 방법을 알 수 있다. (《동몽훈》[3])

4

관직에 있는 사람은 반드시 화냄을 경계하라.

일에 잘못이 있을 때는 자세히 살펴서 처리하면 반드시 적절하게 될 것이다.

만약 먼저 화부터 버럭 내면 다른 사람이 아니라 바로 자기 자신에게 해로울 뿐이다.

5

임금 섬기기를 부모님 섬기듯 하고,

윗사람 섬기기를 형님 섬기듯 하고,

동료를 대하기를 내 가족처럼 하고,

여러 아전 대하기를 내 하인같이 하고,

백성 사랑하기를 내 아내와 자식처럼 하고,

관청의 일 처리하기를 내 집안 일처럼 한다.

그런 뒤에야 내 온 마음을 다했다 할 수 있다.

만약 털끝만큼이라도 미흡함이 있다면

모두가 내 마음에 아직 극진하지 못한 것이 있기 때문이다.

6

어떤 사람이 이천선생[4]에게 물었다.

"주부(主簿)[5]는 현령(縣令)[6]을 보좌하는 사람입니다. 주부가 하고자 하는 일을 현령이 혹시 따르지 않으면 어떻게 합니까?"

이천 선생이 다음과 같이 대답하였다.

"마땅히 정성스런 마음으로 그 사람을 움직여야 한다. 현령과 주부가 화합하지 않는 것은 사사로운 마음으로 다투어서이다. 현령은 고을의 우두머리이니 부형을 섬기는 도리로 그를 섬겨서 잘못은 자신에게 돌리고 잘한 것에 대해서는 '현령에게 돌아가지 않으면 어떡하나' 하는 마음을 가지고 늘 성의를 다한다면 어찌 사람을 움직이지 못하겠는가."

7

유안례[7]가 백성을 대하는 도리를 물었다. 명도선생이 대답하였다.

"백성들이 각각 자기 뜻을 다 이루게 해주어라."

아전을 거느리는 도리를 묻자 다시 대답하였다.

"자기를 바르게 하고서 다른 사람을 바르게 하라."

8

도끼에 맞아 죽더라도 바르게 간하고 가마솥에 넣어 삶아 죽더라도 옳은 말을 다하면 이 사람이 바로 충신이다. (포박자[8])

1. 명도선생(明道先生)은 정명도(程明道)를 가리킨다. 정명도는 중국 북송 때의 사상가로 이름은 호(顥), 자는 백순(伯淳), 시호는 순공(純公)이며 '명도'는 그의 호이다. 주돈이에게서 배웠으며 송대 성리학 발전에 큰 공헌을 했다. 그의 아우 정이와 함께 '이정'(二程)으로 불린다. 저서로는 《정성서》(定性書)와 《식인편》(識仁篇)이 있다.

2. 당(唐) 태종(太宗)은 당나라 제2대 왕인 이세민(李世民)이다. 아버지 이연(李淵)을 도와 수(隋)나라를 멸하고 당나라를 세웠다. 재위 기간은 626년에서 649년까지다. 태종은 천하가 평정된 후 위징(魏徵)과 같은 현명한 신하들을 기용하여 과감한 개혁정치를 폈으며 널리 여러 관료의 의견을 받아들였다. 부역과 형벌을 줄이고 관제를 정비하여 인재를 등용했으며 문학과 유학을 장려하고 역사편찬에도 심혈을 기울였다. 밖으로는 여러 이종족들을 정벌하여 모두 당나라로 흡수하였다. 후대 역사가들은 태종의 이같은 치적을 그가 다스리던 때의 연호를 따서 '정관지치'(貞觀之治)라고 부르며 칭송했다.

3. 《동몽훈》(童蒙訓)은 송나라 때 여본중(呂本中)이 아이들을 가르치기 위하여 엮은 책이다.

4. 이천선생은 정이천(程伊川)을 가리킨다. 정이천은 중국 북송 때의 사상가로 이름은 이(頤), 자는 정숙(正叔)이며 '이천'은 그의 호이다. 형 정호와 함께 주돈이에게 배웠으며 성리학의 사상체계를 심화하였다. 성리학의 집대성자인 주희에게 큰 영향을 주었다. 저서로는 《역전》(易傳) 《안자소호하학론》(顏子所好何學論) 등이 있다.

5. 주부(主簿)는 한나라 때 중앙 및 지방 군현의 관청에 설치했던 관직이다. 문서

를 다루고 일반 업무를 처리했다. 위진시대 이후에는 군사일을 맡아 위치가 더욱 중요해졌으며 기밀을 다루고 일을 총괄하였다. 당·송 이후에 직책이 변했으며 명·청 때는 일반적으로 현승(縣丞)과 함께 보좌업무를 맡았다.

6. 현령(縣令)은 현(縣)이라는 한 지방 행정 구역의 장관을 말한다.

7. 유안례(劉安禮)는 중국 북송 때의 사람으로 자는 원소(元素)이다.

8. 포박자(抱朴子)는 중국 동진(東晉) 초기의 도가(道家) 사상가로 성은 갈(葛), 이름은 홍(洪)이며, '포박자'는 그의 호이다. 그는 많은 서적을 탐독하여 경학, 역사, 제자백가학에 정통했다고 한다.
저서로 《포박자》가 있다. 《포박자》는 내외(內外)편으로 이루어져 있는데 내편은 연금술과 신선술에 대해 기술하고 있고, 외편은 유교에 따른 정치이념을 설명하고 있다.

15. 집안을 잘 다스려라[治家]

이 편은 모두 8장으로 구성되어 있으며 가정 윤리를 제시하고 있다.

1

손아랫사람들은 큰 일이든 작은 일이든 제멋대로 하지 말고
반드시 집안어른께 여쭤 보고 해야 한다. (사마온공)

2

손님 접대는 풍성하게 하고
살림살이는 검소하게 하라.

3

못난이는 아내를 두려워하고,
현명한 아내는 남편을 공경한다. (태공)

4

하인을 부릴 때 먼저 그들이 배고프고 춥지 않은지 염려하라.

5

자식이 효도하면 부모님이 즐거워하고,
집안이 화목하면 모든 일이 다 잘된다.

6

항상 불이 날까 예방하고
밤마다 도둑 올까 방비하라.

7

아침밥과 저녁밥이 이른지 늦은지를 보면
그 집안이 흥할지 망할지 점칠 수 있다. (《경행록》)

8

시집가고 장가들면서 재물을 따지는 건 오랑캐의 도리이다.
(문중자[1])

1. 문중자(文仲子)는 중국 수나라 때의 학자인 왕통(王通)을 가리킨다. '문중자'는 그가 죽은 뒤 제자들이 부른 호이다. 왕통은 문제(文帝)에게 '태평책'(太平策)이라는 상소문을 올렸다가 권신들의 시기를 받아 쓰이지 못하게 되자 관직에서 물러나 제자들을 기르기에 힘썼다. 당나라 태종 때 활약한 위징(魏徵), 방현령(房玄齡), 두여회(杜如晦) 등이 모두 그의 문하생이다. 저서로는 《중설》(中說)이 전한다.

16. 의리 있게 살아라[安義]

이 편은 모두 3장으로 구성되어 있으며
남편과 아내, 아버지와 아들, 형과 아우가 기본적인 인간관계임을 강조하고 있다.

1

사람이 있은 뒤에 부부가 있고,

부부가 있은 뒤에 부자(父子)가 있고,

부자가 있은 뒤에 형제가 있다.

한 집안의 친족은 이 셋뿐이다.

여기에서 나아가 구족(九族)[1]에 이르기까지 모두 이 삼친(三親)에 뿌리를 둔다.

그러므로 인륜에서 가중 중요한 것이니 돈독하게 하지 않으면 안 된다. (《안씨가훈》[2])

2

형제는 손발과 같은 존재다. 부부는 옷과 같은 존재다.

옷은 떨어지면 다시 새것을 얻을 수 있지만

손과 발이 끊어지면 다시 잇기 어렵다. (장자)

3

부자라서 친하지 않고 가난뱅이라서 멀리하지 않는 이가 바로 세상의 대장부이고

부자라서 찾아오고 가난뱅이라서 떠나가는 이가 바로 세상의 소인배라네. (소동파)

1. 구족(九族)은 곧 구대(九代)를 말한다. 고조부, 증조부, 할아버지, 아버지, 나, 아들, 손자, 증손자, 현손자까지의 직계 친족을 중심으로 형제, 종형제, 재종형제, 삼종형제를 포함하는 친족 모두를 가리키는 말이다.

2. 《안씨가훈》(顔氏家訓)은 '안씨의 가훈'이라는 뜻으로 남북조시대 안지추(顔之推)가 지은 책이다. 안지추는 남조 양(梁)나라에서 산기시랑(散騎侍郞)을 지내다가 양나라가 서위(西魏)에게 멸망한 후 북제(北齊)로 도망쳐 거기에서 황문시랑(黃門侍郞)과 평원태수(平原太守)를 지냈다. 또 북주(北周)가 북제를 치고 뒤이어 수(隋)나라가 천하를 통일하게 되면서 북주와 수나라에서 벼슬살이를 하였다. 이러한 혼란한 시대를 살아간 한 사람의 지식인이 자손에게 글로써 인생과 생활의 지침으로 남긴 책이 바로 《안씨가훈》이다.

17. 예절을 따르라[遵禮]

준(遵)은 따른다는 뜻이고 예(禮)는 예의 예절이라는 뜻이다.
이 편은 모두 7장으로 구성되어 있으며
인간에게는 지켜야 할 기본 예절이 있음을 강조하고 있다.

1
가정에 예의가 있으므로 어른과 아이의 분별이 있다.
집안간에 예의가 있으므로 삼족(三族)[1]이 화목하다.
조정에 예의가 있으므로 관작에 차례가 있다.
사냥[2]에 예의가 있으므로 군사 일이 숙달된다.
군대에 예의가 있으므로 무공이 성취된다. (공자)

2
군자가 용기만 있고 예의가 없으면 세상을 어지럽게 하고,
소인이 용기만 있고 예의가 없으면 도둑이 된다. (공자)

3
조정에는 벼슬 이상 가는 게 없고, 마을에는 나이 이상 가는 게

없고, 세상을 돕고 백성을 다스리는 데는 덕스러움 이상 가는 게 없다. (증자[3])

4
늙은이와 젊은이, 어른과 어린이는 하늘이 부여한 질서이니
이치를 어기고 도리를 상하게 해서는 안 된다.

5
문을 나설 때는 마치 큰 손님을 뵐 듯이 하고,
방으로 들어설 때는 마치 사람이 있는 듯이 하라.

6
다른 사람이 나를 정중히 대해 주길 바라거든
우선 내가 다른 사람을 정중히 대해야 한다.

7
아버지는 아들의 훌륭함을 말하지 않고
아들은 아버지의 허물을 말하지 않아야 한다.

1. 삼족(三族)은 일가 친척을 셋으로 나누어 아버지쪽, 어머니쪽, 아내쪽 친척들을 말하는 것이다.

2. 고대에는 사냥이 곧 군사 훈련의 장이었다.《춘추좌전》(春秋左傳) 〈은공 5년조〉에 이렇게 나와 있다. "봄에는 수(蒐), 여름에는 묘(苗), 가을에는 선(獮), 겨울에는 수(狩) 사냥을 열어 농한기를 통해 군사 일을 익혔다."〔春蒐, 夏苗, 秋獮, 冬狩, 隙以講事也.〕 수, 묘, 선, 수는 모두 계절별 사냥 이름이다.

3. 증자(曾子)는 중국 춘추시대 노나라 사상가로, 이름은 삼(參)이며 자는 자여(子輿)이다. 아버지 증석(曾晳)과 함께 공자를 따라다니며 배웠는데 효자로 이름났다. 저서로《효경》(孝經)이 전한다.

18. 말을 조심하라[言語]

이 편은 모두 7장으로 구성되어 있으며
여러 문장 형식으로 말을 조심하라고 권유하고 있다.

1

이치에 맞지 않는 말은 말하지 않는 편이 더 낫다. (유회[1])

2

한 마디 말이 맞지 않으면 천 마디 말이 쓸데없다.

3

입과 혀는 재앙과 근심이 드나드는 문이요,
몸을 망치는 도끼이다. (군평[2])

4

다른 사람을 이롭게 하는 말은 솜옷처럼 따스하고
다른 사람을 다치게 하는 말은 가시처럼 날카롭다.

다른 사람을 이롭게 하는 한 마디 말은 천금의 값어치가 나가고
다른 사람을 다치게 하는 한 마디 말은 칼로 베는 것처럼 아프다.

5

입은 사람을 찍는 도끼요,
말은 혓바닥을 베는 칼이니
입을 닫고 혀를 깊이 감추라.
몸이 어디 있든 편안하리라.

6

사람을 만나면 열 마디 중 세 마디만
한 조각 마음까지 다 던져선 아니 되오.
호랑이 세 개 입은 무섭지 않고
다만 사람의 두 마음이 두렵구나.

7

벗과 마시는 술, 천 잔도 모자르고
적절하지 못한 말, 한 마디도 너무 많네.

1. 유회(劉會)는 누구인지 알 수 없다.

2. 군평(君平)은 중국 전한 무제(武帝) 때 사람으로 성은 엄(嚴), 이름은 준(遵)이며 '군평'은 그의 자이다.

19. 친구를 잘 사귀어라[交友]

교(交)는 사귄다는 뜻이고 우(友)는 벗, 친구라는 뜻이다.
이 편은 모두 8장으로 구성되어 있으며 자신의 삶을 바꿀 수도 있는
친구 사귀기의 중요성을 이야기하고 있다.

1

착한 사람과 함께 있으면 난초가 있는 방에 있는 것과 같다.

시간이 한참 지나면 그 향기를 맡지 못하지만 그에게 동화된다.

나쁜 사람과 함께 있으면 생선 가게에 들어간 것과 같다.

시간이 한참 지나면 그 냄새를 맡지 못하지만 그에게 감염된다.

빨간 물감을 담은 것은 붉어지고 검은 물감을 담은 것은 검어진다.

그래서 군자는 반드시 함께 지내는 사람에 대해 신중하다. (공자)

2

배우기를 좋아하는 사람과 함께 가면 안개 속을 걸어가는 것과 같다.

옷이 흠뻑 젖지는 않지만 점점 물기가 배어든다.

무식한 사람과 함께 가면 측간에 앉아있는 것과 같다.

옷이 더러워지지는 않지만 점점 고약한 냄새가 난다. (《가어》)

3

안평중은 사람과 사귐이 훌륭하구나.

시간이 흘러도 항상 공경하는구나. (공자)

4

얼굴 아는 사람이야 세상에 가득해도

내 마음 알아줄 이 과연 몇일까.

5

술 먹고 밥 먹을 때는 형 아우하던 친구가 천 명이더니,

다급하고 어려울 때는 도와줄 친구 하나 없네.

6

열매를 맺지 않는 꽃은 심지 말고,

의리가 없는 친구는 사귀지 말라.

7

군자의 사귐은 담박하기가 물과 같고,

소인의 사귐은 달콤하기가 단술 같네.

8

길이 멀어야 말의 힘을 알 수 있고,
시간이 흘러야 사람의 마음을 알 수 있다.

1. 안평중(晏平仲)은 중국 춘추시대 제(齊)나라의 대부(大夫)로, 성은 안(晏), 이름
은 영(嬰)이며 '평중'은 그의 자이다. 안자(晏子)로도 불린다.
제나라 영공(靈公) 26년(기원전 556년)에 안약(晏弱)이 죽은 뒤 재상직을 계승하
여 영공, 장공(莊公), 경공(景公)에 걸쳐 정치를 담당하였다. 그는 경공에게 착취
를 줄이고 형벌을 가볍게 하며 신하의 간언을 귀담아 들을 것을 권고하였다. 또
예(禮)에 기반하는 통치를 주장하였다.
그가 기지를 발휘하여 복숭아 두 개로 힘만 믿고 날뛰는 장사 세 명을 죽였다는
'이도살삼사'(二桃殺三士)의 고사가 전한다. 그의 저작으로 전해지는 《안자춘추》
(晏子春秋)는 뒷사람이 그의 언행에 근거하여 가탁하여 지은 책이다.

20. 훌륭한 여성이 돼라[婦行]

부(婦)는 부녀자, 아내, 며느리의 뜻으로 지금의 용어로 여성에 해당한다.
이 편은 모두 8장으로 여성이 지녀야 할 덕목에 대해 이야기하고 있다.

1

여성에겐 아름다운 네 가지 덕목이 있다.

그 하나는 여성의 덕성이다.

그 둘은 여성의 용모이다.

그 셋은 여성의 말씨이다.

그 넷은 여성의 솜씨이다. (《익지서》)

2

여성의 덕성이란 반드시 재주가 남달라 이름이 나야 함을 뜻하지 않는다.

여성의 용모란 반드시 얼굴이 예쁨을 뜻하지 않는다.

여성의 말씨란 반드시 입담이 좋아서 말 잘함을 뜻하지 않는다.

여성의 솜씨란 반드시 손재주가 남보다 뛰어남을 뜻하지 않는다.

3

　여성의 덕성은 마음이 맑고 곧아 염치와 절도가 있고 분수를 지켜 마음을 바르게 가다듬으며 몸가짐에 수줍음이 있고 움직임에 법도가 있는 것, 이것이 바로 여성의 덕성이다.

　여성의 용모는 먼지와 때를 씻고 옷차림을 깨끗이 하며 목욕을 제 때에 하여 몸에 더러움이 없도록 하는 것, 이것이 바로 부인의 용모이다.

　여성의 말씨는 본보기가 되는 말을 가려 하고 예의에 어긋나는 말을 하지 않으며 꼭 말해야 할 때 말하여 사람들이 그 말을 싫어하지 않는 것, 이것이 바로 여성의 말씨이다.

　여성의 솜씨는 오로지 길쌈을 부지런히 하고 술빚기를 좋아하지 않으며 맛난 음식 장만해서 손님을 대접하는 것, 이것이 바로 여성의 솜씨다.

4

　이 네 가지 덕목은 여성이 빠뜨려서는 안 되는 것이다. 하기가 매우 쉽고 힘쓰는 것이 올바르니 이에 따라 하는 것이 바로 여성의 범절이다.

5

　여성은 말소리가 반드시 가늘어야 한다. (태공)

6

현명한 여성은 남편을 귀하게 만들고
못된 여성은 남편을 천하게 만든다.

7

집안에 현명한 아내가 있으면 남편이 뜻밖의 재앙을 만나지 않는다.

8

현명한 여성은 육친을 화목하게 만들고
못된 여성은 육친의 화목을 깨뜨린다.

21. 덧붙임[增補]

이 편은 말 그대로 나중에 덧붙여진 것으로 2장으로 구성되어 있다.

1

착한 일을 쌓지 않으면 명성을 얻지 못한다.

나쁜 일을 쌓지 않으면 몸이 망쳐지는 지경까지 이르지는 않는다.

소인은 조그만 착한 일을 아무 이익이 없다고 여겨서 하지 않는다.

그리고 조그만 나쁜 일을 아무 해로움이 없다고 여겨서 그만두지 않는다.

그래서 악은 쌓이고 쌓여 가릴 수가 없게 되고

죄는 커지고 커져 풀 수가 없게 된다. 《주역》

2

서리를 밟게 되면 머지 않아 단단한 얼음이 언다.

신하가 임금을 시해하고 아들이 아버지를 죽이는 엄청난 일이 하루아침에 갑자기 일어나지는 않는다.

그런 일이 일어나게 되기까지는 그 원인이 오랫동안 누적된 것이다.

22. 반성을 위한 여덟 곡의 노래[八反歌八首]

이 편은 8절로 된 한 곡의 노래이며
부모님에 대한 태도와 자식에 대한 태도를 대비시키면서
읽는 이가 가슴 깊이 느끼도록 하고 있다.

1

어린 자식 어쩌다 내게 대들면
내 마음에 기쁨이 느껴지지만
부모님이 나에게 화를 내시면
내 마음 도리어 언짢아지네.
한쪽은 기쁘고 한쪽은 언짢으니
자식과 부모님 대하는 마음이 어찌 이리 다를까.
그대여 오늘부터 부모님이 화내시면
부모님을 자식으로 바꾸어 보시오.

2

자식들이 천 마디나 말을 하여도
그대는 언제나 듣기 좋아하지만

부모님이 어쩌다가 입을 여시면
쓸데없이 참견한다 쏘아붙이네.
참견이 아니라 걱정되어 그러신 게지.
흰머리 되도록 아는 것 많으시다네.
그대여 노인 말씀 공경하여 받들고
젖내 나는 입으로 길고 짧음 다투지 마오.

3
어린 자식 더러운 똥오줌도
그대 마음 하나도 거리낌없는데
늙으신 부모님 눈물과 침 떨어지면
그대는 도리어 미워하고 싫어하네.
그대의 몸뚱어리 어디에서 나왔는가.
아버님의 정기와 어머님의 피라네.
그대여 늙어가는 부모님을 공경하오.
젊으실 때 그대 위해 살과 뼈가 닳으셨소.

4
그대가 새벽에 시장 들어가
밀가루떡 쌀떡을 사는 것을 보았네.
부모님께 드린다는 말 들리지 않고
자식들에게 준다고 많이 말하네.

부모님 드시기 전 자식 먼저 배부르니
자식만 생각하지 부모님 생각 하나 없네.
그대여 떡 살 돈 많이 내어
사실 날 얼마 없는 늙은 부모님 공양하오.

5
시장 길목 약 파는 가게에
자식을 살 찌울 약은 있는데
부모님 튼튼하실 약은 없다네.
무슨 까닭에 두 가지로 보이나
자식이 병들고 부모님도 병든 경우
자식 병 고치는 정성 부모님에 비할소냐.
다릿살 베어 내도 도리어 부모님의 살이니
그대여 두 분 부모님 빨리 보전하오.

6
부귀하면 부모님 모시기는 쉽지만
부모님은 언제나 마음 편치 않으시네.
빈천하면 자식을 기르기가 어렵지만
자식을 굶기거나 떨게 하지는 않네.
마음은 한 갈랜데 두 갈래 길 나 있네.
자식을 위하는 맘 부모님에 비할소냐.

그대여 부모님 봉양하길 아이 기르듯하여
가난해서 못한다고 핑계를 대지 마오.

7

부모님 봉양은 다만 두 분뿐인데도
언제나 안 모신다 형제끼리 다툼하네.
자식을 기를 땐 열 명이 되더라도
그대 홀로 그 자식들 모두 떠맡네.
자식이 배부른지 따뜻한지 물어보지만
부모님이 주리신지 추우신지 마음에 없네.
그대여 부모님을 봉양함에 힘을 다하오.
그대를 기르느라 옷과 밥을 빼앗겼소.

8

부모님의 사랑은 한가득이건만
그대는 그 은혜 생각지 않네.
자식이 조금만 효도를 하면
그대는 나아가 그 이름을 자랑하네.
부모님 대할 때는 어두우면서 자식을 대할 때는 밝으니
그 누가 알리오 자식 기르는 부모님 마음
그대여 자식들의 효도를 부질없이 믿지 마오.
자식들의 본보기가 그대 몸에 있다네.

23. 효도를 하라 속편[孝行 續]

이 편은 앞서 나온 효행의 속편에 해당하며 우리나라의 구체적인 사례가 실려 있다.
어머님을 위해 자식을 땅에 묻으려 했던 손순, 다리살을 베어 어머니를 봉양한 상덕,
하늘도 감동하여 때 아닌 홍시를 내려 준 도씨의 이야기가 실려 있다.

1

손순[1]은 집이 가난하여 아내와 같이 남의 집에서 품을 팔아 어머니를 봉양하였다. 부부에게 아이가 하나 있었는데 늘 어머니가 드시는 것을 빼앗아 먹었다. 손순이 아내에게 말하였다.

"아이가 어머니 드실 것을 빼앗아 먹으니 큰일이오. 아이는 다시 낳을 수 있지만 어머니는 다시 모시기 어렵지 않소."

마침내 아이를 업고 귀취산 북쪽 교외로 나갔다. 아이를 묻으려고 땅을 팠더니 아주 이상한 돌종이 나왔다. 너무도 놀랍고 이상하여서 한번 쳐보았다. 종소리가 은은하게 듣기 좋았다.

아내가 말하였다.

"이렇게 이상한 물건을 얻은 것은 아마도 이 아이의 복일 겁니다. 이 아이를 땅에 묻어선 안 됩니다."

손순이 그 말이 일리가 있다고 여겨 아이를 데리고 종도 들고

다시 집으로 돌아왔다. 종을 대들보에 매달고 두드려 보았다. 종
소리가 멀리멀리 퍼져 나가 임금에게 이르렀다. 임금은 맑은 종
소리가 멀리서 들려오는 것이 이상하여 사실을 조사하게 하였다.

사실을 알고 난 뒤 임금이 말하였다.

"옛날에 곽거[2]가 아들을 묻으려 하자 하늘이 금솥을 내렸다더
니 지금 손순이 아이를 묻으려 하자 땅에서 돌종이 나왔구나. 옛
날의 일과 지금의 일이 서로 꼭 맞는구나."

그리고는 그들에게 집 한채를 내리고 해마다 쌀 오십 섬을 주
었다.

2

상덕[3]은 흉년과 전염병이 나도는 때를 만나 그의 부모님이 주
리고 병들어 죽게 될 지경이 되었다. 상덕은 밤낮으로 간호하느
라 옷을 벗고 한번 누울 틈도 없이 지극 정성으로 모셨다. 봉양할
게 없으면 넙적다리살을 베어 다른 고기인 양 드시게 하였다. 어
머니께 종기가 나자 입으로 빨아서 낫게 해드렸다.

임금이 그 사실을 알고 기특하게 여겨 큰 상을 내리셨다. 그리
고 그가 사는 마을에 정문[4]을 세우라 명령하고 비석을 세워 그 일
을 기록하게 하였다.

3

도씨(都氏)는 집이 가난하였는데 효성이 지극하였다. 숯을 팔

아 고기를 사다가 어머니의 반찬을 빠뜨리는 날이 없었다. 어느 날 장터에서 늦어서 걸음을 재촉하며 돌아오는데 갑자기 솔개가 고기를 확 채어서 가버렸다. 도씨가 슬피 울며 집에 와 보니 솔개가 벌써 그 고기를 마당에다 던져 놓았다.

하루는 어머니가 병이 나서 때아닌 홍시를 드시고 싶다고 하였다. 도씨가 감나무 숲속을 헤매며 날이 저문 것도 모르고 있었는데 갑자기 호랑이가 나타났다. 호랑이는 자꾸만 앞길을 가로막으며 자기 등에 올라타라는 뜻을 표시했다. 도씨가 호랑이 등에 타고 백여 리 떨어진 산골 마을에 이르렀다.

밤이 되어 어느 집에 묵게 되었다. 얼마 후 집주인이 제삿밥을 차려 내오는데 홍시가 있었다. 도씨가 기뻐서 홍시가 어디서 났느냐고 물어보았다. 그리고 자기가 홍시를 찾아 헤맨 사정을 이야기하였다.

집주인이 대답하였다.

"돌아가신 아버님이 홍시를 즐기셨습니다. 그래서 매년 가을에 감을 이백 개 정도 골라서 굴 안에 저장해 둔답니다. 오월이 되면 완전한 것이 불과 일곱 개나 여덟 개 정도 밖에 안 되었는데 이번에는 오십 개를 얻었지요. 그래서 이상한 일이네 하고 있었는데 바로 하늘이 당신의 효성에 감복하셔서 그런 거군요."

그리고는 그에게 홍시 이십 개를 주었다. 도씨가 고맙다고 인사하고 문 밖에 나오니 호랑이가 아직도 누워서 그를 기다리고 있었다. 호랑이를 타고 집에 돌아오자 막 새벽닭이 울었다. 뒷날 어머니가 천명을 다하고 돌아가시자 도씨는 피눈물을 흘리며 슬퍼하였다.

1. 손순(孫順)은 신라 때 사람으로 경주 손씨의 시조이다. 신라 42대 흥덕왕 때 신라 '삼기'(三器)의 하나인 돌종을 얻은 효자이다. 이 이야기는《삼국유사》(三國遺事)에 실려 있다.

2. 곽거(郭巨)는 중국 후한 때의 효자라고 한다.

3. 상덕(尙德)은 신라 때 사람으로 효성이 지극하였다고 한다.《삼국사기》(三國史記)에 그의 열전이 실려 있다.

4. 정문(旌門)은 충신이나 효자 열녀를 칭찬하기 위하여 그가 사는 집 앞에 세우는 붉은 문이다.

24. 청렴하게 살아라[廉義]

염(廉)은 청렴하다는 뜻이고 의(義)는 올바르다는 뜻이다.
이 편에는 우둔하리만치 청렴결백을 지킨 인관과 서조, 도둑이 오히려 돈을 놓고 간 홍기섭,
바보온달을 찾아간 유명한 평강공주의 이야기가 실려 있다.

1

인관이 시장에서 솜을 팔았다. 서조라는 사람이 곡식을 주고 솜을 사갔다. 돌아가는 길에 갑자기 솔개가 그 솜을 확 낚아채서 인관의 집에 떨어뜨려 놓았다. 인관이 솜을 서조에게 다시 되돌려 주면서 말하였다.

"솔개가 당신의 솜을 내 집에 떨어뜨려서 당신에게 다시 돌려 드립니다."

그러자 서조가 "솔개가 솜을 나꿔채서 당신에게 갖다 준 것은 하늘이 하신 일입니다. 제가 어찌 받겠습니까?"라고 하였다.

인관이 다시 말하였다.

"그러면 당신의 곡식을 되돌려 드리겠습니다."

서조가 말하였다.

"내가 당신에게 주고서 장이 두 번이나 섰으니 곡식은 이미 당

신 것입니다."

두 사람이 서로 사양하다가 둘 다 시장바닥에 버리고 가버렸다.

시장을 맡아 다스리는 관리가 이 사실을 임금께 아뢰었다. 임금은 두 사람에게 벼슬을 내렸다.

2

홍기섭이 젊었을 때 말할 수 없이 가난하였다. 하루는 아침에 어린 계집종이 기뻐 날뛰며 돈 일곱 냥을 바치며 말하였다.

"이것이 글쎄 솥 안에 있었습니다. 이 돈이면 쌀이 몇 가마고 땔나무가 몇 바리입니까?. 하늘이 내려 주신 겁니다. 하늘이 내려 주신 거라구요."

공이 놀라서 "이게 어찌 된 돈인고?" 하더니 곧 '돈 잃은 사람은 찾아가시오' 하고 써서 대문 위에 붙이고 기다렸다. 잠시 후에 유씨라는 사람이 찾아와서 글의 뜻을 물었다. 공이 자세히 내용을 말해 주었다.

유씨가 말하기를 "남의 집 솥 안에 돈을 잃는 건 말이 안 됩니다. 정말 하늘이 내려 주신 것인데 왜 그것을 갖지 않으십니까?"라고 했다.

공이 말하기를 "내 것이 아닌데 어찌 가지겠습니까?"라고 했다.

유씨가 꿇어 엎드리며 말하였다.

"사실은 소인이 어제 밤에 솥을 훔치러 들어왔습니다. 그런데 공의 집안 살림이 너무도 스산하여 마음이 안되어 솥 안에 돈을 놓고 돌아갔습니다. 지금 저는 공의 청렴하심에 감동하여 제 양심이 움직입니다. 다시는 도둑질을 하지 않겠습니다. 그리고 항상 곁에서 모시고 싶습니다. 이 돈은 염려 마시고 받아두십시오."

공이 돈을 되돌려주면서 말하기를 "당신이 착한 사람이 된 건 좋은 일이지만 이 돈은 받을 수 없습니다"라고 하며 끝끝내 받지 않았다.

공은 나중에 판서가 되었다. 그의 아들 재룡은 헌종의 장인이 되었다. 유씨도 신임을 얻어 크게 번창하였고 그 집안도 크게 번창하였다.

3

고구려 평원왕의 딸은 어릴 때에 울기를 좋아하였다. 임금이 놀리면서 "너를 바보 온달에게 시집보내야겠구나"라고 말하였다.

자라나서 임금이 상부 고씨에게 시집보내려 하였다. 그러자 딸이 "임금께선 거짓말을 할 수 없습니다"라고 하며 한사코 마다하였다.

마침내 온달의 아내가 되었다.

온달은 집이 가난하여 밥을 빌어 어머니를 봉양하였다. 당시 사람들이 온달을 가리키며 "바보온달 바보온달" 하고 놀렸다. 하루는 온달이 산에서 느릅나무 껍질을 등에 지고 내려왔다. 공주가 찾아와서 말하기를 "제가 당신의 아내입니다"라고 했다.

공주가 자신의 머리장식을 팔아 밭과 집과 여러 살림살이를 장

만하여 아주 부유하게 되었다. 또 말을 많이 길러서 온달을 도와
마침내 이름을 드날리고 영예롭게 하였다.

25. 배움을 권장한다[勸學]

이 편은 모두 4장으로 구성되어 있으며 끝을 장식하고 있다.
가르침이 아무리 훌륭해도 배우지 않으면 아무런 소용이 없고
무엇보다 중요한 건 인간의 적극적이고 지속적인 노력임을 가르쳐준다.

1

오늘 배우지 않고서 내일이 있다고 말하지 말라.
올해 배우지 않고서 내년이 있다고 말하지 말라.
해와 달은 지나가고 세월은 나를 위해 늦추지 않으니
아아 늙었구나! 누구의 허물인가! (주문공)

2

소년은 늙기 쉽고 학문은 이루기가 어렵네.
짧은 한 순간도 가벼이 여기지 마라.
연못 가의 봄 풀은 아직도 꿈을 꾸는데
어느덧 섬돌 앞 오동나무 가을을 알리네.

3

젊음은 한번 가면 다시 오지 않고

하루에 새벽은 두 번 오지 않는다네.

해야 할 때 마땅히 힘써야 하니

세월은 사람을 기다리지 않는다네. (도연명[1])

4

반 걸음도 꾸준히 내딛지 않으면

천리를 갈 수 없고

적은 물도 모이지 않으면

강과 바다를 이룰 수 없다. (순자)

1. 도연명(陶淵明)은 중국 동진(東晉)의 전원시인으로, 성은 도(陶), 이름은 잠(潛)이고 자는 원량(元亮)이며 '연명'은 그의 호이다.

29세에 관직에 나아가 좨주(祭酒) 참군(參軍)을 지냈으나 부패된 관료세계에 염증을 느껴 사직했다. 41세에 다시 팽택현(彭澤縣)의 현령이 되었으나 재임 80여 일 만에 "다섯 말의 녹봉 때문에 향리의 보잘것없는 놈에게 허리를 굽신거릴 수는 없다"고 말하고는 그날로 현령의 관인을 내어 놓고 고향으로 돌아갔다. 이 때에 지은 글이 바로 〈귀거래사〉(歸去來辭)이다. 그는 그후로 일생 농사를 지으며 전원에서 살았다.

그의 작품은 어두운 현실을 풍자, 비판하거나 전원의 평화로운 풍경을 묘사한 것들이 대부분이다. 특히 그가 묘사한 전원은 한폭의 풍경화를 보는 것 같다는 평을 받고 있다. 위진시대의 최고 시인이며 중국 시가 사상 이백(李白)과 두보(杜甫)에 버금가는 위대한 시인으로 꼽힌다.

明心寶鑑

原文

1. 繼善

1

子 曰	자 왈
爲善者	위선자(는)
天報之以福	천보지이복(하고)
爲不善者	위불선자(는)
天報之以禍	천보지이화(니라)

爲善者 : 착한 일을 하는 사람

報之以 : ~로 보답하다

爲不善者 : 착하지 않은 일을 하는 사람

2

漢昭烈 將終	한소열(이) 장종(에)

勅後主 曰　　　　　　칙후주 왈

勿以善小而不爲　　　물이선소이불위(하고)

勿以惡小而爲之　　　물이악소이위지(하라)

　　將終 : 죽으려 할 때

　　將 : 장차 ~하다

　　勅 : 조칙, 임금이 내리는 명령

　　後主 : 유비의 아들 유선 (劉禪)

　　勿 : 금지사로 ~하지 말라는 뜻

　　以善小 : 착한 일이 작은 것이라고 해서

　　不爲 : 하지 않는다

3

莊子 曰　　　　　　장자 왈

一日不念善　　　　일일불념선(이면)

諸惡皆自起　　　　제악(이) 개자기(니라)

　　念善 : 착한 일을 생각하다

　　諸惡 : 온갖 악

　　自起 : 저절로 일어난다

1. 繼善 · 163

4

太公 曰	태공 왈
見善如渴	견선여갈(하고)
聞惡如聾	문악여롱(하라)
又 曰	우 왈
善事須貪	선사수탐(하고)
惡事莫樂	악사막락(하라)

見善 : 착한 일을 보다
如渴 : 목마를 때 물 마시듯 하다
聞惡 : 나쁜 일을 듣다
如聾 : 귀머거리가 된 듯이 하다
須貪 : 모름지기 탐하다
莫樂 : 즐거워하지 말라

5

馬援 曰	마원 왈
終身行善 善猶不足	종신행선(이라도) 선유부족(이요)
一日行惡 惡自有餘	일일행악(이라도) 악자유여(니라)

終身 : 평생토록
善猶不足 : 착함은 오히려 부족하다

惡自有餘 : 악함은 스스로 남음이 있다

6

司馬溫公 曰	사마온공 왈
積金以遺子孫	적금이유자손(이라도)
未必子孫能盡守	미필자손능진수(요)
積書以遺子孫	적서이유자손(이라도)
未必子孫能盡讀	미필자손능진독(이니)
不如積陰德於冥冥之中	불여적음덕어명명지중(하여)
以爲子孫之計也	이위자손지계야(니라)

積金 : 돈은 모으다
遺子孫 : 자손에게 남겨주다
未必 : 반드시 ~는 아니다
能盡守 : 다 지키지 못한다
陰德 : 남 몰래 한 착한 일
冥冥之中 : 보이지 않는 가운데

7

景行錄 曰	경행록 왈
恩義廣施	은의광시(하라)

人生何處不相逢　　　인생하처불상봉(이리오)

讐怨莫結　　　　　　수원막결(하라)

路逢狹處難回避　　　노봉협처난회피(니라)

　恩義 : 은혜와 의리

　廣施 : 널리 베풀다

　何處 : 어느 곳

　讐怨 : 원수와 원한

　莫結 : 맺지 마라

　狹處 : 좁은 곳

8

莊子 曰　　　　　　　장자 왈

於我善者 我亦善之　　어아선자(라도) 아역선지(하고)

於我惡者 我亦善之　　어아악자(라도) 아역선지(하라)

我旣於人無惡　　　　아기어인무악(이면)

人能於我無惡哉　　　인능어아무악재(인저)

　於我 : 나에게

　我亦 : 나도

　善之 : 착하게 대하다

　於人 : 남에게

9

東岳聖帝 垂訓 曰	동악성제 수훈(에) 왈
一日行善	일일행선(이면)
福雖未至 禍自遠矣	복수미지(나) 화자원의(요)
一日行惡	일일행악(이면)
禍雖未至 福自遠矣	화수미지(나) 복자원의(라)
行善之人 如春園之草	행선지인(은) 여춘원지초(하여)
不見其長 日有所增	불견기장(이나) 일유소증(이요)
行惡之人 如磨刀之石	행악지인(은) 여마도지석(하여)
不見其損 日有所虧	불견기손(이나) 일유소휴(니라)

須 : 반드시
未至 : 오지 않다
自遠 : 저절로 멀어지다
春園之草 : 봄동산의 풀
所增 : 늘어나는 바
磨刀之石 : 칼을 가는 숫돌
所虧 : 닳는 바

10

子 曰	자 왈
見善如不及	견선여불급(하고)

見不善如探湯　　　　　　견불선여탐탕(하라)

不及 : 미치지 않다

探湯 : 끓는 물을 만지다

2. 天命

1

孟子 曰	맹자 왈
順天者 存	순천자(는) 존(하고)
逆天者 亡	역천자(는) 망(하니라)

順天者 : 하늘에 순종하는 사람

逆天者 : 하늘에 거역하는 사람

2

康節邵先生 曰	강절소선생 왈
天聽寂無音	천청적무음(이니)
蒼蒼何處尋	창창하처심(고)
非高亦非遠	비고역비원(이니)

都只在人心　　　　　　　도지재인심(이니라)

天聽 : 하늘이 듣는다
寂無音 : 조용하여 소리가 없다
蒼蒼 : 푸르고 푸르다
何處尋 : 어디에서 찾을까
都只 : 모두 오직

3

玄帝 垂訓 曰　　　　　　현제 수훈(에) 왈
人間私語 天聽若雷　　　인간사어(라도) 천청약뢰(하고)
暗室欺心 神目如電　　　암실기심(이라도) 신목여전(이니라)

私語 : 사적인 말
若雷 : 우레처럼 크다
欺心 : 마음을 속이다
神目 : 귀신의 눈
如電 : 번개처럼 밝다

4

益智書 云　　　　　　　익지서 운
惡鑵若滿 天必誅之　　　악관약만(이면) 천필주지(니라)

惡鑵 : 악의 두레박

誅之 : 벌 주다

5

莊子 曰	장자 왈
若人作不善 得顯名者	약인작불선(하여) 득현명자(는)
人雖不害 天必戮之	인수불해(나) 천필륙지(니라)

顯名者 : 이름을 드러낸 사람

戮之 : 죽이다

6

| 種瓜得瓜 種豆得豆 | 종과득과(요) 종두득두(니라) |
| 天網恢恢 疎而不漏 | 천망회회(하여) 소이불루(니라) |

種瓜 : 오이를 심다

種豆 : 콩을 심다

天網 : 하늘의 그물

恢恢 : 넓고 넓다

疎而不漏 : 성글지만 새지 않는다

7

子 曰

자 왈

獲罪於天 無所禱也

획죄어천(이면) 무소도야(니라)

獲罪 : 죄를 얻다

於天 : 하늘에

所禱 : 빌 곳

3. 順命

1

子曰   자 왈

死生 有命   사생(은) 유명(이요)

富貴 在天   부귀(는) 재천(이니라)

　　死生 : 죽음과 삶

　　富貴 : 부유함과 귀함

2

萬事分已定   만사분이정(인데)

浮生空自忙   부생공자망(이니라)

　　萬事 : 모든 일

已定 : 이미 정해져 있다

浮生 : 뜬구름 같은 인생

自忙 : 스스로 바쁘다

3

景行錄 云	경행록 운
禍 不可倖免	화(는) 불가행면(이요)
福 不可再求	복(은) 불가재구(니라)

幸免 : 요행으로 면하다

再求 : 다시 구하다

4

時來風送滕王閣	시래풍송등왕각(이요)
運退雷轟薦福碑	운퇴뢰굉천복비(라)

時來 : 때가 오다

風送 : 바람이 보내주다

運退 : 운수가 물러나다

雷轟 : 우레가 치고 벼락이 떨어지다

5

列子 曰   열자 왈

癡聾瘖啞 家豪富   치롱음아(도) 가호부(요)

智慧聰明 却受貧   지혜총명(도) 각수빈(이라)

年月日時 該載定   연월일시(가) 해재정(이니)

算來 由命 不由人   산래(에) 유명(이지) 불유인(이니라)

痴聾 : 어리석은 귀머거리

瘖啞 : 말 못하는 벙어리

却 : 도리어

該 : 모두

算來 : 헤아려보다

由命 : 명에 달려 있다

4. 孝行

1

詩 曰	시 왈
父兮生我	부혜생아(하시고)
母兮鞠我	모혜국아(하셨네)
哀哀父母	애애부모(여)
生我劬勞	생아구로(하셨네)
欲報之德	욕보지덕(이라도)
昊天罔極	호천망극(이로다)

生我 : 나를 낳다
鞠我 : 나를 기르다
劬勞 : 애쓰고 수고하다
欲報 : 보답하려 하다
昊天 : 하늘
罔極 : 끝이 없다

2

子 曰	자 왈
孝子之事親也	효자지사친야(는)
居則致其敬	거즉치기경(하고)
養則致其樂	양즉치기락(하고)
病則致其憂	병즉치기우(하고)
喪則致其哀	상즉치기애(하고)
祭則致其嚴	제즉치기엄(하니라)

事親 : 부모를 섬기다
居 : 거처하다
養 : 봉양하다
病 : 병들다
喪 : 돌아가시다
祭 : 제사지내다

3

子 曰	자 왈
父母在	부모재(어시든)
不遠遊	불원유(하며)
遊必有方	유필유방(이니라)

遠遊 : 멀리 나가 놀다

有方 : 방향이 있다

4

子 曰	자 왈
父命召	부명소(어시든)
唯而不諾	유이불낙(하고)
食在口則吐之	식재구즉토지(니라)

命召 : 부르다

唯而不諾 : 예라고 대답하고 꾸물대지 않는다

吐之 : 뱉다

5

太公 曰	태공 왈
孝於親 子亦孝之	효어친(이면) 자역효지(하나니)
身旣不孝 子何孝焉	신기불효(면) 자하효언(이리오)

孝於親 : 부모에게 효도하다

子何孝焉 : 자식이 어찌 효도하겠는가

6

孝順 還生孝順子   효순(은) 환생효순자(요)

忤逆 還生忤逆子   오역(은) 환생오역자(라)

不信 但看簷頭水   불신(커든) 단간첨두수(하라)

點點滴滴不差移   점점적적불차이(니라)

孝順 : 효도하고 순종하다

還 : 다시

忤逆 : 거스르고 거역하다

但 : 다만

簷頭水 : 처마끝의 낙숫물

點點 : 방울방울

滴滴 : 물방울이 떨어지다

不差移 : 어긋나지 않는다

5. 正己

1

性理書 云	성리서 운
見人之善 而尋其之善	견인지선(이면) 이심기지선(하고)
見人之惡 而尋其之惡	견인지악(이면) 이심기지악(하라)
如此方是有益	여차(라야) 방시유익(이니라)

尋 : 찾다

如此 : 이렇게 하다, 이와 같다

方是 : 비로소

2

景行錄 云	경행록 운
大丈夫當容人	대장부당용인(이언정)

無爲人所容 　　　　　　　　무위인소용(이니라)

　容人 : 남을 포용하다
　所容 : 남에게 포용되다

3

太公 曰 　　　　　　　　　　태공 왈
勿以貴己而賤人 　　　　　　　물이귀기이천인(하고)
勿以自大而蔑小 　　　　　　　물이자대이멸소(하고)
勿以恃勇而輕敵 　　　　　　　물이시용이경적(하라)

　貴己 : 자기를 귀하게 여기다
　賤人 : 남을 천하게 여기다
　自大 : 자기를 크게 여기다
　蔑小 : 작은 사람을 멸시하다
　恃勇 : 용맹을 믿다
　輕敵 : 적을 가볍게 여기다

4

馬援 曰 　　　　　　　　　　마원 왈
聞人之過失 　　　　　　　　　문인지과실(이면)

如聞父母之名	여문부모지명(하여)
耳可得聞	이가득문(이언정)
口不可言也	구불가언야(니라)

過失 : 허물과 실수
可 : 할 수 있다
不可 : 할 수 없다

5

康節邵先生 日	강절소선생 왈
聞人之謗 未嘗怒	문인지방(이라도) 미상노(하며)
聞人之譽 未嘗喜	문인지예(라도) 미상희(하라)
聞人之惡 未嘗和	문인지악(이라도) 미상화(하며)
聞人之善 則就而和之	문인지선(이면) 즉취이화지(하고)
又從而喜之	우종이희지(하라)
其詩 日	기시 왈
樂見善人	낙견선인(하고)
樂聞善事	낙문선사(하라)
樂道善言	낙도선언(하고)
樂行善意	낙행선의(하라)
聞人之惡	문인지악(이면)

如負芒刺 　　　　　　여부망자(하고)

聞人之善 　　　　　　문인지선(이면)

如佩蘭蕙 　　　　　　여패란혜(하라)

謗 : 비방

未嘗 : 일찍이 ~하는 일이 없다

譽 : 칭찬

和 : 동조하다

就 : 나아가다

芒刺 : 가시

佩 : 차다

蘭蕙 : 난초와 혜초

6

道吳善者 是吳賊 　　　　도오선자(는) 시오적(이요)

道吳惡者 是吳師 　　　　도오악자(는) 시오사(니라)

道 : 말하다

吾賊 : 나의 적

吾師 : 나의 스승

7

太公 曰   태공 왈

勤爲無價之寶   근위무가지보(요)

愼是護身之符   신시호신지부(니라)

　勤 : 부지런함

　無價之寶 : 값을 매길 수 없을 만큼 귀한 보배

　愼 : 조심

　護身之符 : 몸을 지켜주는 부적

8

景行錄 曰   경행록 왈

保生者 寡慾   보생자(는) 과욕(하고)

保身者 避名   보신자(는) 피명(이라)

無慾 易 無名 難   무욕(은) 이(나) 무명(은) 난(이니라)

　保生者 : 삶을 보존하려는 사람

　寡慾 : 욕심을 적게 하다

　避名 : 명예를 피하다

9

子 曰	자 왈
君子有三戒	군자유삼계(하니)
少之時 血氣未定	소지시(엔) 혈기미정(이라)
戒之在色	계지재색(하고)
及其長也 血氣方剛	급기장야(엔) 혈기방강(이라)
戒之在鬪	계지재투(하고)
及其老也 血氣旣衰	급기노야(엔) 혈기기쇠(라)
戒之在得	계지재득(이니라)

三戒 : 세가지의 경계
色 : 여색
鬪 : 싸움
得 : 탐욕

10

孫眞人 養生銘 云	손진인(이) 양생명(에) 운
怒甚偏傷氣	노심편상기(요)
思多太損神	사다태손신(이라)
神疲心易役	신피심이역(이요)
氣弱病相因	기약병상인(이라)
勿使悲歡極	물사비환극(하고)

當令飮食均　　　당령음식균(하라)

再三防夜醉　　　재삼방야취(하고)

第一戒晨嗔　　　제일계신진(하라)

傷氣 : 기운을 상하다

損神 : 정신을 손상하다

易役 : 쉽게 지치다

相因; 서로 원인이다

勿使 : ～하게 하지 말라

極 : 지나치게

當令 : 마땅히 ～하게 하다

夜醉 : 밤에 술 취하다

晨嗔 : 새벽에 성내다

11

景行錄 曰　　　경행록 왈

食淡精神爽　　　식담정신상(이요)

心淸夢寐安　　　심청몽매안(이니라)

食淡 : 음식이 담백하다

爽 : 상쾌하다

心淸 : 마음이 맑다

夢寐 : 꿈자리

12

定心應物　　　　　　　　정심응물(이면)

雖不讀書　　　　　　　　수불독서(라도)

可以爲有德君子　　　　　가이위유덕군자(니라)

定心 : 마음을 안정시키다

應物 : 사물을 대하다

可以爲 : ～라고 할 수 있다

13

近思錄 云　　　　　　　　근사록 운

懲忿如救火　　　　　　　징분여구화(하고)

窒慾如防水　　　　　　　질욕여방수(하라)

懲忿 : 분노를 징계하다

救火 : 불을 끄다

窒慾 : 욕심을 막다

防水 : 물을 막다

14

夷堅志 云　　　　　　　　이견지 운

避色如避讐　　　　　피색여피수(하고)

避風如避箭　　　　　피풍여피전(하라)

莫喫空心茶　　　　　막끽공심다(하고)

小食中夜飯　　　　　소식중야반(하라)

避色 : 여색을 피하다

喫 : 마시다

中夜 : 한밤중

15

荀子 曰　　　　　　순자 왈

無用之辯 不急之察　무용지변(과) 불급지찰(은)

棄而勿治　　　　　　기이물치(하라)

無用之辯 : 쓸데없는 말

不急之察 : 급하지 않은 일

棄 : 버리다

16

子 曰　　　　　　　자 왈

衆好之 必察焉　　　중호지(라도) 필찰언(하고)

衆惡之 必察焉   중오지(라도) 필찰언(하라)

好之 : 좋아하다

察焉 : 거기에서 살피다

惡之 : 미워하다

17

酒中不語眞君子   주중불어진군자(요)

財上分明大丈夫   재상분명대장부(니라)

酒中 : 술에 취해

眞 : 참다운

財上 : 재물에 대하여

18

萬事從寬   만사종관(이면)

其福自厚   기복자후(니라)

從寬 : 너그러움을 따르다

自厚 : 저절로 두터워지다

19

太公 曰	태공 왈
欲量他人 先須自量	욕량타인(이어든) 선수자량(하라)
傷人之語 還是自傷	상인지어(는) 환시자상(이니)
含血噴人 先汚其口	함혈분인(이면) 선오기구(니라)

量 : 헤아리다

傷人之語 : 남을 해치는 말

還是 : 도리어

含 : 머금다

噴 : 뿜다

汚 : 더럽다

20

| 凡戱 無益 | 범희(는) 무익(이요) |
| 惟勤 有功 | 유근(이) 유공(이니라) |

戱 : 놀다

有功 : 공이 있다

21

太公 曰   태공 왈

瓜田 不納履   과전(에서) 불납리(하고)

李下 不正冠   이하(에서) 부정관(하라)

  瓜田 : 오이 밭

  納履 : 신발을 들여놓고 신끈을 고쳐매다

  李下 : 오얏나무 아래

  正冠 : 갓을 고쳐쓰다

22

景行錄 曰   경행록 왈

心可逸 形不可不勞   심가일(이라도) 형불가불로(요)

道可樂 身不可不憂   도가락(이라도) 신불가불우(니라)

形不勞 則怠惰易弊   형불로(면) 즉태타이폐(요)

身不憂 則荒淫不定   신불우(면) 즉황음부정(이니라)

故 逸生於勞而常休   고(로) 일생어로이상휴(하고)

樂生於憂而無厭   락생어우이무염(하니라)

逸樂者 憂勞   일락자(는) 우로(를)

豈可忘乎   기가망호(리오)

  逸 : 편안하다

勞 : 힘들다

怠惰 : 태만하고 게으르다

易弊 : 쉽게 못쓰게 되다

荒淫 : 정상에서 벗어나다

常休 : 항상 좋다

無厭 : 싫지 않다

其可忘乎 : 어찌 잊을 수 있겠는가

23

耳不聞人之非　　　　　이불문인지비(하고)

目不視人之短　　　　　목불시인지단(하고)

口不言人之過　　　　　구불언인지과(라야)

庶幾君子　　　　　　　서기군자(니라)

人之非 : 남의 그릇됨

人之短 : 남의 단점

人之過 : 남의 허물

庶幾 : 거의 ~와 가깝다

24

蔡伯喈 曰　　　　　　　채백개 왈

喜怒在心 言出於口　　　희노재심(이요) 언출어구(이니)

不可不愼   불가불신(이니라)

  喜怒 : 기쁨과 노여움
  不可不愼 : 조심하지 않을 수 없다 (조심해야 한다)

25

宰予晝寢   재여주침(이어늘)
子 曰   자 왈
朽木 不可雕也   후목(은) 불가조야(요)
糞土之墻 不可圬也   분토지장(은) 불가오야(니라)

  晝寢 : 낮잠자다
  朽木 : 썩은 나무
  雕 : 조각하다
  糞土 : 썩은 흙
  圬 : 흙손질하다

26

紫虛元君 誠諭心文 曰   자허원군(이) 성유심문(에) 왈
福生於淸儉   복생어청검(하고)
德生於卑退   덕생어비퇴(하니라)

道生於安靜	도생어안정(하고)
命生於和暢	명생어화창(하니라)
患生於多慾	환생어다욕(하고)
禍生於多貪	화생어다탐(하니라)
過生於輕慢	과생어경만(하고)
罪生於不仁	죄생어불인(하니라)
戒眼莫看他非	계안막간타비(하고)
戒口莫談他短	계구막담타단(하라)
戒心莫自貪嗔	계심막자탐진(하고)
戒心莫自貪嗔	계신막수악반(하라)
無益之言莫妄說	무익지언막망설(하고)
不干己事莫妄爲	불간기사막망위(하라)
尊君王 孝父母	존군왕(하고) 효부모(하며)
敬尊長 奉有德	경존장(하고) 봉유덕(하며)
別賢愚 恕無識	별현우(하고) 서무식(하라)
物順來而勿拒	물순래이물거(하고)
物旣去而勿追	물기거이물추(하라)
身未遇而勿望	신미우이물망(하고)
事已過而勿思	사기과이물사(하라)
聰明多暗昧	총명다암매(요)
算計失便宜	산계실편의(니라)
損人終自失	손인종자실(이요)

依勢禍相隨　　　　　의세화상수(니라)

戒之在心 守之在氣　　계지재심(하고) 수지재기(하라)

爲不節而亡家　　　　위부절이망가(하고)

因不廉而失位　　　　인불염이실위(니라)

勸君自警於平生　　　권군자경어평생(하여)

可歎可警而可畏　　　가탄가경이가외(하라)

上臨之以天鑑　　　　상임지이천감(하고)

下察之以地祇　　　　하찰지이지기(하나라)

明有三法相繼　　　　명유삼법상계(하고)

暗有鬼神相隨　　　　암유귀신상수(하나라)

惟正可守 心不可欺　유정가수(하고) 심불가기(하여)

戒之戒之　　　　　　계지계지(하라)

淸儉 : 청렴과 검소

卑退 : 낮춤과 겸손

輕慢 : 경솔하고 교만함

不干己事 : 내게 관계없는 일

順來 : 순리로 오다

未遇 : 때를 만나지 못하다

算計 : 잘 세운 계획

相隨 : 서로 따르다

天鑑 : 하늘의 거울

地祇 : 땅의 신령

6. 安分

1

景行錄 云

知足可樂 務貪則憂

경행록 운

지족가락(이요) 무탐즉우(니라)

> **知足** : 만족할 줄 안다
>
> **務貪** : 탐욕에 힘쓰다

2

知足者 貧賤亦樂

不知足者 富貴亦憂

지족자(는) 빈천역락(이요)

부지족자(는) 부귀역우(니라)

3

濫想 徒傷神　　　　　　　남상(은) 도상신(이요)

妄動 反致禍　　　　　　　망동(은) 반치화(니라)

　　濫想 : 지나친 생각

　　妄動 : 망령된 행동

　　致禍 : 화를 부른다

4

知足常足 終身不辱　　　　지족상족(이면) 종신불욕(하고)

知止常止 終身無恥　　　　지지상지(면) 종신무치(니라)

　　知止 : 그칠 줄 안다

　　無恥 : 부끄러움이 없다

5

書 曰　　　　　　　　　　서 왈

滿招損 謙受益　　　　　　만초손(하고) 겸수익(이니라)

　　滿 : 가득 차다

　　招 : 부르다

損 : 덜다

謙 : 겸손하다

益 : 더하다

6

安分吟 曰　　　　　　안분음 왈

安分身無辱　　　　　안분신무욕(이요)

知幾心自閑　　　　　지기심자한(이라)

雖居人世上　　　　　수거인세상(이나)

却是出人間　　　　　각시출인간(이니라)

安分 : 분수에 편안하다

知幾 : 조짐을 알다

却是 : 도리어

7

子 曰　　　　　　　　자 왈

不在其位 不謀其政　　부재기위(면) 불모기정(이니라)

其位 : 그 지위

謀 : 꾀하다

7. 存心

1

景行錄 云

坐密室 如通衢

馭寸心 如六馬

可免過

경행록 운

좌밀실(을) 여통구(하고)

어촌심(을) 여육마(하면)

가면과(니라)

　通衢 : 사방으로 통하는 네거리

　馭 : 말을 부리다

　免過 : 허물을 면하다

2

擊壤詩 云

富貴如將智力求

격양시 운

부귀여장지력구(면)

仲尼年少合封侯　　　　중니연소합봉후(라)

世人不解靑天意　　　　세인불해청천의(하고)

空使身心半夜愁　　　　공사신심반야수(니라)

力求 : 힘으로 구하다

封侯 : 제후로 봉하다

不解 : 이해하지 못하다

靑天 : 푸른 하늘

空 : 헛되이, 부질없이

半夜 : 한밤중

3

范忠宣公 戒子弟 曰　　　　범충선공(이) 계자제 왈

人雖至愚 責人則明　　　　인수지우(나) 책인즉명(하고)

雖有聰明 恕己則昏　　　　수유총명(이나) 서기즉혼(하니라)

爾曹　　　　이조(는)

但當以責人之心 責己　　　　단당이책인지심(으로) 책기(하고)

恕己之心 恕人　　　　서기지심(으로) 서인(하면)

則不患不到聖賢地位也　　　　즉불환부도성현지위야(니라)

責人 : 남을 책망하다

恕己 : 자기를 용서하다

爾曹 : 너희들

不患不到 : 이르지 못할 것을 걱정하지 않는다 (걱정할 것이 없다)

4

子 曰   자 왈

聰明思睿 守之以愚   총명사예(라도) 수지이우(하고)

功被天下 守之以讓   공피천하(라도) 수지이양(하라)

勇力振世 守之以怯   용력진세(라도) 수지이겁(하고)

富有四海 守之以謙   부유사해(라도) 수지이겸(하라)

思睿 : 생각하고 슬기롭다

守之 : 지키다

被 : 입다 덮다

振世 : 세상에 떨치다

四海 : 온 세상

5

素書 云   소서 운

薄施厚望者 不報   박시후망자(는) 불보(하고)

貴而忘賤者 不久   귀이망천자(는) 불구(니라)

薄施 : 조금 베풀다

厚望 : 많이 바라다

忘賤 : 천하던 시절을 잊다

不久 : 오래가지 못한다

6

施恩勿求報   시은물구보(하고)

與人勿追悔   여인물추회(하라)

施恩 : 은혜를 베풀다

與人 : 남에게 주다

追悔 : 후회하다

7

孫思邈 曰   손사막 왈

膽欲大而心欲小   담욕대이심욕소(하고)

知欲圓而行欲方   지욕원이행욕방(하라)

膽 : 담력

心 : 마음가짐

知 : 앎

行 : 실천

8

念念要如臨戰日　　　　　염염요여임전일(하고)
心心常似過橋時　　　　　심심상사과교시(하라)

念念 : 생각마다
要 : 해야 한다
臨戰 : 전쟁에 임하다
過橋 : 다리를 건너다

9

懼法朝朝樂　　　　　　구법조조락(이요)
欺公日日憂　　　　　　기공일일우(니라)

懼法 : 법을 두려워하다
欺公 : 공정함을 속이다

10

朱文公 曰　　　　　　주문공 왈
守口如瓶　　　　　　수구여병(하고)
防意如城　　　　　　방의여성(하라)

守口 : 입을 지키다

如甁 : 병마개를 막듯이 하다

防意 : 욕심을 막다

如城 : 성을 지키듯 하다

11

心不負人　　　　　　　심불부인(이면)

面無慙色　　　　　　　면무참색(이니라)

負人 : 남을 배반하다

慙色 : 부끄러운 기색

12

人無百歲人　　　　　　인무백세인(이나)

枉作千年計　　　　　　왕작천년계(니라)

枉 : 부질없이, 헛되이

13

寇萊公 六悔銘 云　　　구래공(이) 육회명(에) 운

官行私曲 失時悔	관행사곡(이면) 실시회(하고)
富不儉用 貧時悔	부불검용(이면) 빈시회(니라)
藝不少學 過時悔	예불소학(이면) 과시회(하고)
見事不學 用時悔	견사불학(이면) 용시회(니라)
醉後狂言 醒時悔	취후광언(이면) 성시회(하고)
安不將息 病時悔	안부장식(이면) 병시회(니라)

官行 : 관직에 있다

私曲 : 사적인 이익과 도리에 어긋나는 일처리

儉用 : 검소하게 아껴쓰다

藝 : 재주, 기예, 기술

狂言 : 미치광이 말

醒 : 술이 깨다

將息 : 충분히 쉬다

14

益智書 云	익지서 운
寧無事而家貧	영무사이가빈(이언정)
莫有事而家富	막유사이가부(니라)
寧無事而住茅屋	영무사이주모옥(이언정)
不有事而住金屋	불유사이주금옥(이니라)
寧無病而食麤飯	무병이식추반(이언정)

不有病而服良藥　　　　　불유병이복양약(이니라)

寧~ 莫~ : ~할지언정 ~하지 말라
茅屋 : 초가집
麤飯 : 거친 밥
良藥 : 좋은 약

15

心安 茅屋穩　　　　　심안(이면) 모옥온(이요)
性定 菜羹香　　　　　성정(이면) 채갱향(이니라)

穩 : 편안하다
菜羹 : 나물국

16

景行錄 云　　　　　경행록 운
責人者 不全交　　　　　책인자(는) 부전교(요)
自恕者 不改過　　　　　자서자(는) 불개과(니라)

全交 : 온전하게 사귀다
改過 : 허물을 고치다

17

夙興夜寐	숙흥야매(하여)
所思忠孝者	소사충효자(는)
人不知	인부지(나)
天必知之	천필지지(니라)
飽食煖衣	포식난의(하여)
怡然自衛者	이연자위자(는)
身雖安	신수안(이나)
其如子孫何	기여자손하(오)

夙興 : 일찍 일어나다
夜寐 : 늦게 자다
飽食 : 배 부르게 먹다
煖衣 : 따뜻하게 입다
怡然 : 편안한 모양
自衛 : 자신을 지키다
其如~何 : ~을 어찌하겠는가

18

以愛妻子之心 事親	이애처자지심(으로) 사친(이면)
則曲盡其孝	즉곡진기효(요)
以保富貴之心 奉君	이보부귀지심(으로) 봉군(이면)

則無往不忠	즉무왕불충(이요)
以責人之心 責己	이책인지심(으로) 책기(면)
則寡過	즉과과(요)
以恕己之心 恕人	이서기지심(으로) 서인(이면)
則全交	즉전교(니라)

無往不忠 : 가는 곳마다 충성하지 않음이 없다 (어디를 가더라도 충성한다)

寡過 : 허물이 적다

19

爾謀不臧 誨之何及	이모부장(이면) 회지하급(이며)
爾見不長 敎之何益	이견부장(이면) 교지하익(이리오)
利心專則背道	이심전즉배도(요)
私意確則滅公	사의확즉멸공(이니라)

爾謀 : 너의 꾀

不臧 : 좋지 않다

何及 : ～에 미치겠는가

背道 : 도리를 어기다

確 : 확고하다, 고집하다

滅公 : 공정함을 해치다

20

生事 事生   생사(면) 사생(이요)

省事 事省   성사(면) 사성(이니라)

生事 : 일을 만들다

事生 : 일이 생기다

省事 : 일을 덜다

事省 : 일이 줄다

8. 戒性

1

景行錄 云	경행록 운
人性 如水	인성(은) 여수(나라)
水一傾則不可復	수일경즉불가복(이요)
性一縱則不可反	성일종즉불가반(이니)
制水者 必以堤防	제수자(는) 필이제방(하고)
制性者 必以禮法	제성자(는) 필이예법(이니라)

如水 : 물과 같다

傾 : 기울다 엎지르다

復 : 되돌리다

縱 : 방종하다 제멋대로 하다

制水 : 물을 제어하다

制性 : 성품을 제어하다

2

忍一時之忿　　　　　　　인일시지분(이면)

免百日之憂　　　　　　　면백일지우(나라)

忍 : 참다

忿 : 분노

3

得忍且忍　　　　　　　　득인차인(하고)

得戒且戒　　　　　　　　득계차계(하라)

不忍不戒　　　　　　　　불인불계(면)

小事成大　　　　　　　　소사성대(니라)

得忍 : 참음을 얻다

得戒 : 조심함을 얻다

4

愚濁生嗔怒　　　　　　　우탁생진노(는)

皆因理不通　　　　　　　개인리불통(이라)

休添心上火　　　　　　　휴첨심상화(하고)

只作耳邊風　　　　　　　지작이변풍(하라)

長短家家有	장단가가유(요)
炎凉處處同	염량처처동(이라)
是非無實相	시비무실상(하여)
究竟摠成空	구경총성공(이니라)

愚濁 : 어리석고 혼탁하다

嗔怒 : 크게 화내다

休 : ～하지 말라

添 : 더하다

耳邊 : 귓가

炎凉 : 더위와 추위

無實相 : 실상이 없다

究竟 : 마침내

摠 : 모두

成空 : 비게 된다 (부질없다)

5

子張 欲行	자장(이) 욕행(에)
辭於夫子	사어부자(하며)
願賜一言	원사일언(이)
爲修身之美	위수신지미(하노이다)
子 曰	자 왈
百行之本	백행지본(은)

忍之爲上	인지위상(이니라)
子張 曰	자장 왈
何爲忍之	하위인지(닛고)
子 曰	자 왈
天子忍之 國無害	천자인지(면) 국무해(하고)
諸侯忍之 成其大	제후인지(면) 성기대(하고)
官吏忍之 進其位	관리인지(면) 진기위(하고)
兄弟忍之 家富貴	형제인지(면) 가부귀(하고)
夫妻忍之 終其世	부처인지(면) 종기세(하고)
朋友忍之 名不廢	붕우인지(면) 명불폐(하고)
自身忍之 無禍害	자신인지(면) 무화해(니라)
子張 曰	자장 왈
不忍則如何	불인즉여하(닛고)
子 曰	자 왈
天子不忍 國空虛	천자불인(이면) 국공허(하고)
諸侯不忍 喪其軀	제후불인(이면) 상기구(하고)
官吏不忍 刑法誅	관리불인(이면) 형법주(하고)
兄弟不忍 各分居	형제불인(이면) 각분거(하고)
夫妻不忍 令子孤	부처불인(이면) 영자고(하고)
朋友不忍 情意疎	붕우불인(이면) 정의소(하고)
自身不忍 患不除	자신불인(이면) 환부제(니라)
子張 曰	자장 왈

善哉 善哉	선재(라) 선재(라)
難忍 難忍	난인(이고) 난인(이로다)
非人 不忍	비인(이면) 불인(이요)
不忍 非人	불인(이면) 비인(이로구나)

辭 : 인사하다

願賜 : 내려주길 원하다

百行之本 : 모든 행실의 근본

終其世 : 일생을 함께 하다

朋友 : 친구

名不廢 : 명성을 잃지 않는다

如何 : 어떠한가

各分居 : 제각기 떨어져 살다

情意疎 : 우정이 소원해지다

患不除 : 근심이 없어지지 않는다

善哉 : 좋구나!

難忍 : 참는 것은 어렵다

6

景行錄 云	경행록 운
屈己者 能處重	굴기자(는) 능처중(하고)
好勝者 必遇敵	호승자(는) 필우적(이니라)

屈己 : 자기를 굽히다
處重 : 중요한 지위에 처하다
好勝 : 이기기를 좋아하다
遇敵 : 적을 만나다

7

惡人 罵善人	악인(이) 매선인(커든)
善人 摠不對	선인(은) 총부대(하라)
不對 心淸閑	부대(는) 심청한(이요)
罵者 口熱沸	매자(는) 구열비(니라)
正如人唾天	정여인타천(하여)
還從己身墜	환종기신추(니라)

罵 : 욕하다, 꾸짖다
不對 : 대꾸하지 않는다
淸閑 : 맑고 한가롭다
熱沸 : 끓어오르다
唾天 : 하늘에 침을 뱉다
身墜 : 몸에 떨어지다

8

| 我若被人罵 | 아약피인매(라도) |

佯聾不分說　　양롱불분설(하라)

譬如火燒空　　비여화소공(하여)

不救自然滅　　불구자연멸(이라)

我心等虛空　　아심등허공(인데)

摠爾飜脣舌　　총이번순설(이니라)

佯 : ~인 체하다

不分說 : 구분해서 말하지 말라 (따지지 말라)

譬如 : 비유하면 ~와 같다

火燒 : 불이 타다

等 : ~와 같다

飜 : 펄럭이다

脣舌 : 입술과 혀

9

凡事留人情　　범사유인정(이면)

後來好相見　　후래호상견(이니라)

凡事 : 모든 일

留 : 남기다

後來 : 나중에

9. 勤學

1

子夏 曰	자하 왈
博學而篤志	박학이독지(하고)
切問而近思	절문이근사(하면)
仁在其中矣	인재기중의(니라)

博學 : 배움을 넓게 하다
篤志 : 뜻을 돈독히 하다
切問 : 절실하게 묻다
近思 : 가까운 것부터 생각하다

2

莊子 曰	장자 왈

人之不學　　　　　인지불학(은)

如登天而無術　　　여등천이무술(이니라)

學而智遠　　　　　학이지원(은)

如披祥雲而覩青天　여피상운이도청천(하고)

登高山而望四海　　등고산이망사해(니라)

登天 : 하늘에 오르다

無術 : 기술이 없다

智遠 : 지혜가 깊어지다

披 : 헤치다

祥雲 : 상서로운 구름

覩 : 보다

3

禮記 曰　　　　　예기 왈

玉不琢 不成器　　옥불탁(이면) 불성기(하고)

人不學 不知道　　인불학(이면) 부지도(니라)

不琢 : 다듬지 않는다

成器 : 그릇을 이룬다

4

太公 曰	태공 왈
人生不學	인생불학(이면)
如冥冥夜行	여명명야행(이니라)

冥冥夜行 : 어둡고 어두운 밤길을 가다

5

韓文公 曰	한문공 왈
人不通古今	인불통고금(이면)
馬牛而襟裾	마우이금거(니라)

古今 : 옛날과 지금
馬牛 : 말과 소
襟裾 : 옷깃과 옷섶

6

朱文公 曰	주문공 왈
家若貧	가약빈(이라도)
不可因貧而廢學	불가인빈이폐학(이요)
家若富	가약부(라도)

不可恃富而怠學　　　　불가시부이태학(이니라)

貧若勤學 可以立身　　　빈약근학(이면) 가이입신(이요)

富若勤學 名乃光榮　　　부약근학(이면) 명내광영(이니라)

惟見學者顯達　　　　　　유견학자현달(이요)

不見學者無成　　　　　　불견학자무성(이니라)

學者 乃身之寶　　　　　학자(는) 내신지보(요)

學者 乃世之珍　　　　　학자(는) 내세지진(이니라)

是故學則乃爲君子　　　　시고(로) 학즉내위군자(요)

不學則爲小人　　　　　　불학즉위소인(이니라)

後之學者 宜各勉之　　　후지학자(여) 의각면지(하라)

廢學 : 학문을 그만 두다

恃富 : 부유함을 믿다

怠學 : 배움을 게을리 하다

光榮 : 빛나고 영예롭다

顯達 : 출세하다

身之寶 : 몸의 보배

世之珍 : 세상의 보배

宜 : 마땅히 ~하라

7

徽宗皇帝 曰　　　　　　휘종황제 왈

學者 如禾如稻　　　학자(는) 여화여도(요)

不學者 如蒿如草　　불학자(는) 여호여초(로다)

如禾如稻兮　　　　여화여도혜(여)

國之精糧 世之大寶　국지정량(이요) 세지대보(로다)

如蒿如草兮　　　　여호여초혜(여)

耕者憎嫌 鋤者煩惱　경자증혐(이요) 서자번뇌(로다)

他日面墻 悔之已老　타일면장(에) 회지이노(로다)

　如禾如稻 : 벼와 같다

　如蒿如草 : 쑥과 같고 풀과 같다

　精糧 : 곱게 빻은 쌀

　耕者 : 밭가는 사람

　憎嫌 : 미워하고 싫어한다

　鋤者 : 김매는 사람

　面墻 : 담을 마주하다 (배우지 못하여 답답함을 이름)

　已老 : 이미 늙다

8

論語 曰　　　　논어 왈

學如不及　　　학여불급(하고)

惟恐失之　　　유공실지(하라)

不及 : 미치지 못한다 (부족하다)

恐 : 두려워하다

10. 訓子

1

景行錄 云   경행록 운

賓客不來門戶俗   빈객불래(면) 문호속(이요)

詩書無敎子孫愚   시서무교(면) 자손우(니라)

    賓客 : 손님
    門戶 : 집안

2

莊子 曰   장자 왈

事雖小 不作 不成   사수소(나) 부작(이면) 불성(이요)

子雖賢 不敎 不明   자수현(이나) 불교(면) 불명(이니라)

不作 : 하지 않는다

不成 : 이루지 못한다

不敎 : 가르치지 않는다

不明 : 현명해지지 못한다

3

漢書 云	한서 운
黃金滿籯	황금만영(이)
不如敎子一經	불여교자일경(이요)
賜子千金	사자천금(이)
不如敎子一藝	불여교자일예(니라)

滿籯 : 상자에 가득 차다

一經 : 한 권의 경서

4

至樂 莫如讀書	지락(은) 막여독서(요)
至要 莫如敎子	지요(는) 막여교자(니라)

至樂 : 최고의 즐거움

莫如 : ～만한 것이 없다

至要 : 가장 중요한 일

5

呂滎公 曰	여형공 왈
內無賢父兄	내무현부형(하고)
外無嚴師友	외무엄사우(요)
而能有成者鮮矣	이능유성자선의(니라)

賢父兄 : 현명한 부모와 형제
嚴師友 : 엄한 스승과 친구
鮮 : 드물다 거의 없다

6

太公 曰	태공 왈
男子失敎	남자실교(면)
長必頑愚	장필완우(요)
女子失敎	여자실교(면)
長必麤疎	장필추소(니라)

頑愚 : 미련하고 어리석다
麤疎 : 거칠고 소략하다

7

男年長大	남년장대(면)
莫習樂酒	막습악주(하고)
女年長大	여년장대(면)
莫令遊走	막령유주(하라)

樂酒 : 풍악과 술
遊走 : 놀러다니다

8

| 嚴父 出孝子 | 엄부(가) 출효자(하고) |
| 嚴母 出孝女 | 엄모(가) 출효녀(니라) |

嚴父 : 엄한 아버지
嚴母 : 엄한 어머니

9

| 憐兒 多與棒 | 연아(어든) 다여봉(하고) |
| 憎兒 多與食 | 증아(어든) 다여식(하라) |

憐兒 : 아이를 사랑하다

與棒 : 매를 때리다

憎兒 : 아이를 미워하다

與食 : 먹을 것을 주다

10

| 人皆愛珠玉 | 인개애주옥(이나) |
| 我愛子孫賢 | 아애자손현(이니라) |

珠玉 : 구슬과 옥

11. 省心 上

1

景行錄 云	경행록 운
寶貨 用之有盡	보화(는) 용지유진(이나)
忠孝 享之無窮	충효(는) 향지무궁(이니라)

寶貨 : 보배와 재물

有盡 : 끝이 있다

享之 : 누리다

無窮 : 끝이 없다

2

家和貧也好	가화빈야호(니)
不義富如何	불의부여하(오)

但存一子孝　　　　　단존일자효(니)

何用子孫多　　　　　하용자손다(리오)

　　家和 : 집안이 화목하다

　　也 : ～도 또한

　　何用 : 무슨 소용이 있겠는가

3

父不憂心 因子孝　　　부불우심(은) 인자효(요)

夫無煩惱 是妻賢　　　부무번뇌(는) 시처현(이라)

言多語失 皆因酒　　　언다어실(은) 개인주(요)

義斷親疎 只爲錢　　　의단친소(는) 지위전(이니라)

　　因 : ～때문이다

　　言多語失 : 말이 많고 실수가 많다

　　只 : 다만

　　錢 : 돈

4

旣取非常樂　　　　　기취비상락(이어든)

須防不測憂　　　　　수방불측우(하라)

非常樂 : 정도에 벗어나는 즐거움

不測憂 : 예측하지 못한 근심

5

得寵 思辱	득총(이면) 사욕(하고)
居安 慮危	거안(이면) 려위(하라)

得寵 : 총애를 얻다

思辱 : 욕됨을 생각하다

居安 : 편안하게 지내다

慮危 : 위험을 생각하다

6

榮輕 辱淺	영경(이면) 욕천(이요)
利重 害深	이중(이면) 해심(이니라)

榮輕 : 영예가 가볍다

辱淺 : 욕됨이 얕다

利重 : 이익이 무겁다

害深 : 손해가 깊다

7

甚愛必甚費	심애필심비(요)
甚譽必甚毀	심예필심훼(요)
甚喜必甚憂	심희필심우(요)
甚藏必甚亡	심장필심망(이니라)

甚 : 지나친, 심한
愛 : 아낌, 인색함
費 : 소비, 낭비
藏 : 쌓아 둠

8

子 曰	자 왈
不觀高崖	불관고애(면)
何以知顚墜之患	하이지전추지환(이리오)
不臨深泉	불림심천(이면)
何以知沒溺之患	하이지몰닉지환(이리오)
不觀巨海	불관거해(면)
何以知風波之患	하이지풍파지환(이리오)

高崖 : 높은 벼랑
顚墜 : 굴러 떨어지다

深泉 : 깊은 샘

沒溺 : 물에 빠지다

巨海 : 큰 바다

9

欲知未來   욕지미래(어든)

先察已然   선찰이연(하라)

先察 : 먼저 살피다

已然 : 이미 그러한 일

10

子 曰   자 왈

明鏡 所以察形   명경(은) 소이찰형(이요)

往者 所以知今   왕자(는) 소이지금(이니라)

明鏡 : 밝은 거울

察形 : 모습을 살피다

往者 : 지나간 일

11

過去事 明如鏡	과거사(는) 명여경(이요)
未來事 暗似漆	미래사(는) 암사칠(이니라)

似漆 : 칠흑 같다

12

景行錄 云	경행록 운
明朝之事	명조지사(는)
薄暮不可必	박모불가필(이요)
薄暮之事	박모지사(는)
哺時不可必	포시불가필(이니라)

明朝 : 내일 아침
薄暮 : 저녁 무렵
哺時 : 오후 3시에서 5시 사이

13

天有不測風雨	천유불측풍우(요)
人有朝夕禍福	인유조석화복(이니라)

風雨 : 바람과 비
朝夕 : 아침 저녁

14

未歸三尺土	미귀삼척토(에는)
難保百年身	난보백년신(이요)
已歸三尺土	이귀삼척토(에는)
難保百年墳	난보백년분(이니라)

歸 : 돌아가다
三尺土 : 세 자의 흙 (무덤)
難保 : 보존하기 어렵다
墳 : 무덤

15

景行錄 云	경행록 운
木有所養	목유소양(이면)
則根本固 而枝葉茂	즉근본고(하고) 이지엽무(하여)
棟樑之材成	동량지재성(이요)
水有所養	수유소양(이면)
則泉源壯 而流派長	즉천원장(하고) 이류파장(하여)

灌漑之利博	관개지리박(이요)
人有所養	인유소양(이면)
則志氣大 而識見明	즉지기대(하고) 이식견명(하여)
忠義之士出	충의지사출(이니)
可不養哉	가불양재(리오)

所養 : 기르는 바
固 : 굳다
茂 : 무성하다
棟樑 : 기둥과 들보
泉源 : 샘물의 근원
壯 : 왕성하다
灌漑 : 물을 대다
利博 : 이로움이 크다
可不~哉 : 어찌 ~하지 않겠는가

16

自信者	자신자(는)
人亦信之 嗚越 皆兄弟	인역신지(하니) 오월(이) 개형제(요)
自疑者	자의자(는)
人亦疑之 身外 皆敵國	인역의지(하니) 신외(는) 개적국(이니라)

自信者 : 자신을 믿는 사람

自疑者 : 자신을 의심하는 사람

身外 : 자신 외에

17

| 疑人 莫用 | 의인(이면) 막용(하고) |
| 用人 勿疑 | 용인(이면) 물의(하라) |

莫用 : 쓰지 말라

勿疑 : 의심하지 말라

18

諷諫 云 　　　　　　　풍간 운

水底魚 天邊雁 　　　　수저어(와) 천변안(은)

高可射兮低可釣 　　　고가사혜저가조(라)

惟有人心咫尺間 　　　유유인심(은) 지척간(이나)

咫尺人心不可料 　　　지척인심(을) 불가료(니라)

水底 : 물 밑

天邊 : 하늘 가

雁 : 기러기

射 : 쏘다

釣 : 낚다

咫尺間 : 가까운 거리

料 : 헤아리다

19

畫虎畫皮難畫骨   화호화피난화골(이요)

知人知面不知心   지인지면부지심(이니라)

畫虎 : 호랑이를 그리다

畫皮 : 가죽을 그리다

畫骨 : 뼈를 그리다

知面 : 얼굴을 알다

20

對面共話   대면공화(나)

心隔千山   심격천산(이니라)

對面 : 얼굴을 마주하다

共話 : 함께 이야기하다

隔 : 떨어져 있다

21

海枯 終見底   해고(면) 종견저(나)

人死 不知心   인사(엔) 부지심(이니라)

    枯 : 마르다

    終 : 마침내

22

太公 曰   태공 왈

凡人 不可逆相   범인(은) 불가역상(이요)

海水 不可斗量   해수(는) 불가두량(이니라)

    逆相 : 미리 내다보다

    斗量 : 되로 재다

23

景行錄 云   경행록 운

結怨於人 謂之種禍   결원어인(은) 위지종화(요)

捨善不爲 謂之自賊   사선불위(는) 위지자적(이니라)

    種禍 : 화의 씨앗을 심다

捨善 : 착한 일을 버리다

自賊 : 자신을 해치다

24

若聽一面說 약청일면설(이면)

便見相離別 변견상이별(이니라)

一面 : 한쪽 면

25

飽煖 思淫慾 포난(에) 사음욕(하고)

飢寒 發道心 기한(에) 발도심(이니라)

飽煖 : 배부르고 따뜻하다

飢寒 : 배고프고 춥다

發 : 나온다 시작한다

26

疏廣 曰 소광 왈

賢人多財 則損其志 현인다재(면) 즉손기지(하고)

愚人多財 則益其過　　　우인다재(면) 즉익기과(니라)

　　多財 : 재물이 많다

27

人貧 智短　　　　　　　인빈(이면) 지단(하고)·
福至 心靈　　　　　　　복지(면) 심령(이니라)

　　智短 : 지혜가 짧다
　　心靈 : 마음이 영명하다

28

不經一事　　　　　　　불경일사(면)
不長一智　　　　　　　부장일지(니라)

　　經 : 겪다

29

是非終日有　　　　　　시비종일유(라도)
不聽自然無　　　　　　불청자연무(니라)

是非 : 옳고 그름

自然 : 저절로

30

| 來說是非者 | 내설시비자(는) |
| 便是是非人 | 변시시비인(이니라) |

來說 : 와서 말하다

31

擊壤詩 云	격양시 운
平生 不作皺眉事	평생(에) 부작추미사(면)
世上 應無切齒人	세상(에) 응무절치인(이라)
大名 豈有鐫頑石	대명(을) 기유전완석(가)
路上行人 口勝碑	노상행인(이) 구승비(니라)

皺眉 : 눈살을 찌푸리다

切齒 : 이를 갈다

鐫 : 새기다

頑石 : 무딘 돌

勝 : ~보다 낫다

32

有麝自然香	유사자연향(인데)
何必當風立	하필당풍립(이리오)

麝 : 사향
何必 : 어찌 ~할 필요가 있겠는가

33

有福莫享盡	유복막향진(하라)
福盡身貧窮	복진신빈궁(이오)
有勢莫使盡	유세막사진(하라)
勢盡冤相逢	세진원상봉(이라)
福兮常自惜	복혜상자석(하고)
勢兮常自恭	세혜상자공(하라)
人生驕與侈	인생교여치(면)
有始多無終	유시다무종(이니라)

勢 : 세력, 권세
惜 : 아끼다

34

王參政 四留銘 曰	왕참정(이) 사류명(에) 왈
留有餘不盡之巧	유유여부진지교(하여)
以還造物	이환조물(하라)
留有餘不盡之祿	유유여부진지록(하여)
以還朝廷	이환조정(하라)
留有餘不盡之財	유유여부진지재(하여)
以還百姓	이환백성(하라)
留有餘不盡之福	유유여부진지복(하여)
以還子孫	이환자손(하라)

有餘不盡 : 여유를 두고 다 쓰지 않는다

巧 : 재주

35

黃金千兩 未爲貴	황금천량(이) 미위귀(요)
得人一語 勝千金	득인일어(가) 승천금(이니라)

未爲貴 : 귀하게 여기지 않는다

勝千金 : 천금보다 낫다

36

巧者 拙之奴   교자(는) 졸지노(요)

苦者 樂之母   고자(는) 낙지모(니라)

   拙 : 재주가 없다, 서투르다

   奴 : 종, 노예

   苦 : 괴로움, 고생

37

小船 難堪重載   소선(은) 난감중재(요)

深逕 不宜獨行   심경(은) 불의독행(이니라)

   小船 : 작은 배

   堪 : 감당하다

   重載 : 무거운 짐

   深逕 : 깊은 길, 으슥한 길

38

黃金 未是貴   황금(이) 미시귀(요)

安樂值錢多   안락(이) 치전다(니라)

値錢 : 값어치

39

在家 不會邀賓客   재가(에) 불회요빈객(이면)

出外 方知少主人   출외(에) 방지소주인(이니라)

不會 : ~할 줄 모른다

邀 : 맞이하다

方知 : 비로소 알다

40

貧居 鬧市 無相識   빈거(면) 요시(에도) 무상식(이요)

富住 深山 有遠親   부주(면) 심산(에도) 유원친(이니라)

鬧市 : 시끄러운 시장

相識 : 서로 알다

遠親 : 멀리서 찾아오는 친구

41

人義 盡從貧處斷   인의(는) 진종빈처단(이요)

世情 便向有錢家   세정(은) 변향유전가(니라)

從貧處斷 : 가난으로부터 끊어진다

後 : ~로부터

有錢家 : 돈 있는 집

42

寧塞無底缸   영색무저항(이언정)

難塞鼻下橫   난색비하횡(이니라)

無底缸 : 밑 빠진 독

塞 : 막다

鼻下橫 : 코 아래 가로놓인 입

43

人情 皆爲窘中疎   인정(은) 개위군중소(니라)

窘 : 군색하다, 궁핍하다

疎 : 소원해지다, 멀어지다

44

史記 曰

사기 왈

郊天禮廟 非酒 不享

교천예묘(에) 비주(면) 불향(이요)

君臣朋友 非酒 不義

군신붕우(에) 비주(면) 불의(요)

鬪爭相和 非酒 不勸

투쟁상화(에) 비주(면) 불권(이니라)

故酒有成敗

고(로) 주유성패(니)

而不可泛飮之

이불가범음지(니라)

郊天 : 하늘에 교제를 지내다

禮廟 : 사당에 제례를 올리다

享 : 흠향하다 (흠향은 신이 제물을 받아들이는 것이다)

泛飮之 : 함부로 술을 마시다

45

子 曰

자 왈

士志於道而恥惡衣惡食者

사지어도이치악의악식자(는)

未足與議也

미족여의야(니라)

惡衣 : 나쁜 옷

惡食 : 나쁜 음식

未足 : 아직 부족하다

與議 : 함께 의논하다

46

荀子 曰	순자 왈
士有妬友	사유투우(면)
則賢交不親	즉현교불친(하고)
君有妬臣	군유투신(이면)
則賢人不至	즉현인부지(니라)

妬友 : 질투하는 친구

交 : 사귐

47

天不生無祿之人	천불생무록지인(하고)
地不長無名之草	지부장무명지초(니라)

無祿之人 : 복록이 없는 사람

無名之草 : 이름이 없는 풀

48

大富 由天	대부(는) 유천(하고)
小富 由勤	소부(는) 유근(이니라)

由 : 말미암다, ~에 달려 있다

49

成家之兒	성가지아(는)
惜糞如金	석분여금(하고)
敗家之兒	패가지아(는)
用金如糞	용금여분(이니라)

成家 : 집안을 이루다
惜糞 : 거름을 아끼다
敗家 : 집안을 망치다

50

康節邵先生 曰	강절소선생 왈
閑居 愼勿說無妨	한거(에) 신물설무방(하라)
纔說無妨便有妨	재설무방변유방(이니라)
爽口物多 能作疾	상구물다(면) 능작질(이요)
快心事過 必有殃	쾌심사과(면) 필유앙(이라)
與其病後能服藥	여기병후능복약(으론)
不若病前能自防	불약병전능자방(이니라)

閑居 : 한가로이 지내다

無妨 : 거리낌이 없다

纔 : 즉시 곧

爽口 : 입에 맞다

快心 : 마음에 즐겁다

與其～ 不若～ : ～보다는 ～하는 것이 낫다

服藥 : 약을 먹다

自防 : 스스로 예방하다

51

梓潼帝君 垂訓 曰	재동제군(이) 수훈(에) 왈
妙藥 難醫冤債病	묘약 난의원채병(이요)
橫財 不富命窮人	횡재(도) 불부명궁인(이라)
生事事生 君莫怨	생사사생(을) 군막원(하고)
害人人害 汝休嗔	해인인해(를) 여휴진(하라)
天地自然皆有報	천지자연개유보(하니)
遠在兒孫近在身	원재아손근재신(이니라)

妙藥 : 신묘한 약

冤債病 : 원한이 맺혀서 난 병

橫財 : 뜻밖에 생긴 재물

52

花落花開開又落	화락화개개우락(하고)
錦衣布衣更換着	금의포의갱환착(이라)
豪家未必常富貴	호가미필상부귀(요)
貧家未必長寂寞	빈가미필장적막(이라)
扶人未必上靑霄	부인미필상청소(요)
推人未必塡溝壑	추인미필전구학(이라)
勸君凡事莫怨天	권군범사막원천(하라)
天意於人無厚薄	천의어인무후박(이니라)

花落 : 꽃이 지다
花開 : 꽃이 피다
錦衣 : 비단 옷
布衣 : 삼베 옷
更換着 : 다시 바꿔 입다
豪家 : 부자집
扶 : 붙들다 부축하다
靑霄 : 푸른 하늘
推人 : 사람을 밀다
塡 : 구르다
溝壑 : 골짜기

53

堪歎人心毒似蛇	감탄인심독사사(니)
誰知天眼轉如車	수지천안전여거(라)
去年妄取東隣物	거년망취동린물(하더니)
今日還歸北舍家	금일환귀북사가(라)
無義錢財湯潑雪	무의전재탕발설(이요)
儻來田地水推沙	당래전지수추사(라)
若將狡譎爲生計	약장교휼위생계(면)
恰似朝開暮落花	흡사조개모락화(라)

去年 : 지난 해
湯潑 : 끓는 물에 뿌리다
儻來 : 뜻밖에 오다
推沙 : 모래를 밀다
狡譎 : 간교한 속임수
恰似 : 비슷하다

54

無藥可醫卿相壽	무약가의경상수(요)
有錢難買子孫賢	유전난매자손현(이니라)

無藥可醫 : 약으로도 치료할 수 없다

有錢難買 : 돈으로 사기 어렵다

55

一日淸閑	일일청한(이면)
一日仙	일일선(이니라)

仙 : 신선

12. 省心 下

1

眞宗皇帝 御製 曰　　진종황제 어제(에) 왈

知危識險　　지위식험(이면)

終無羅網之門　　종무라망지문(이요)

擧善薦賢　　거선천현(이면)

自有安身之路　　자유안신지로(라)

施仁布德　　시인포덕(이면)

乃世代之榮昌　　내세대지영창(이요)

懷妬報寃　　회투보원(이면)

與子孫之危患　　여자손지위환(이요)

損人利己　　손인리기(면)

終無顯達雲仍　　종무현달운잉(이요)

害衆成家　　해중성가(면)

豈有久長富貴　　기유구장부귀(리오)

改名異體　　　　　　　　개명이체(는)

皆因巧語而生　　　　　　개인교어이생(이요)

禍起傷身　　　　　　　　화기상신(은)

皆是不仁之召　　　　　　개시불인지소(니라)

御製 : 임금이 지은 시문

羅網 : 그물

擧善薦賢 : 착한 사람과 현명한 사람을 천거하다

懷妬報冤 : 질투하는 마음을 품고 원한을 갚다

雲仍 : 자손

改名異體 : 이름을 바꾸고 몸을 달리하다

禍起傷身 : 화가 일어나 몸을 다치게 하다

2

神宗皇帝 御製 曰　　　　신종황제 어제(에) 왈

遠非道之財　　　　　　　원비도지재(하고)

戒過度之酒　　　　　　　계과도지주(하라)

居必擇隣　　　　　　　　거필택린(하고)

交必擇友　　　　　　　　교필택우(하라)

嫉妬勿起於心　　　　　　질투물기어심(하고)

讒言勿宣於口　　　　　　참언물선어구(하라)

骨肉貧者莫疎　　　　　　골육빈자(를) 막소(하라)

他人富者莫厚　　　타인부자(를) 막후(하라)

克己 以勤儉爲先　　극기(는) 이근검위선(하고)

愛衆 以謙和爲首　　애중(은) 이겸화위수(하라)

常思已往之非　　　상사이왕지비(하고)

每念未來之咎　　　매념미래지구(하라)

若依朕之斯言　　　약의짐지사언(이면)

治國家而可久　　　치국가이가구(니라)

非道之財 : 올바르지 못한 재물

過度之酒 : 지나친 음주

居必擇隣 : 살 때는 반드시 이웃을 가려라

交必擇友 : 사귈 때는 반드시 친구를 가려라

讒言 : 헐뜯는 말

骨肉 : 뼈와 살 (곧 부모 형제 친척을 이름)

已往 : 이미 지나가다

咎 : 허물

依 : 따르다

3

高宗皇帝 御製 曰　　고종황제 어제(에) 왈

一星之火　　　　　일성지화(도)

能燒萬頃之薪　　　능소만경지신(하고)

半句非言　　　　　반구비언(도)

誤損平生之德	오손평생지덕(이라)
身被一縷	신피일루(나)
常思織女之勞	상사직녀지로(하고)
日食三飱	일식삼손(이나)
每念農夫之苦	매념농부지고(하라)
苟貪妬損	구탐투손(이면)
終無十載安康	종무십재안강(이요)
積善存仁	적선존인(이면)
必有榮華後裔	필유영화후예(니라)
福緣善慶	복연선경(은)
多因積行而生	다인적행이생(이요)
入聖超凡	입성초범(은)
盡是眞實而得	진시진실이득(이니라)

一星之火 : 한 점의 불티
薪 : 섶, 땔감
一縷 : 한 올의 실
織女 : 베짜는 여인
三飱 : 세끼의 밥
十載 : 십년
入聖超凡 : 성인의 경지로 들어가 평범함을 초월하다

4

王良 曰	왕량 왈
欲知其君	욕지기군(이어든)
先視其臣	선시기신(하고)
欲識其人	욕식기인(이어든)
先視其友	선시기우(하고)
欲知其父	욕지기부(이어든)
先視其子	선시기자(하라)
君聖臣忠	군성신충(이면)
父慈子孝	부자자효(니라)

欲知 : 알고 싶다
先視 : 먼저 보다

5

家語 云	가어 운
水至淸則無魚	수지청즉무어(하고)
人至察則無徒	인지찰즉무도(니라)

徒 : 무리, 친구

6

許敬宗 曰	허경종 왈
春雨如膏	춘우여고(나)
行人惡其泥濘	행인오기니녕(하고)
秋月揚輝	추월양휘(나)
盜者憎其照鑑	도자증기조감(이니라)

膏 : 기름
泥濘 : 진창
揚輝 : 밝게 비추다
照鑑 : 밝게 비치다

7

景行錄 云	경행록 운
大丈夫 見善明	대장부(는) 견선명(이라)
故 重名節於泰山	고(로) 중명절어태산(하고)
用心精	용심정(이라)
故 輕死生於鴻毛	고(로) 경사생어홍모(니라)

名節 : 명예와 절개
於 : ~보다
用心精 : 마음씀이 세밀하다

鴻毛 : 기러기의 털

8

悶人之凶	민인지흉(하고)
樂人之善	낙인지선(하라)
濟人之急	제인지급(하고)
求人之危	구인지위(하라)

悶 : 불쌍히 여기다
濟 : 구제하다 도와주다

9

經目之事	경목지사(도)
恐未皆眞	공미개진(인데)
背後之言	배후지언(을)
豈足深信	기족심신(이리오)

經目 : 눈으로 직접 보다

10

不恨自家汲繩短   불한자가급승단(하고)

只恨他家苦井深   지한타가고정심(이니라)

    汲繩 : 두레박 줄

    苦井 : 나쁜 우물

11

臟濫滿天下   장람만천하(라도)

罪拘薄福人   죄구박복인(이니라)

    臟濫 : 뇌물을 받고 부정한 짓을 하다

    罪拘 : 죄로 걸려들다

    薄福人 : 복 없는 사람

12

天若改常   천약개상(이면)

不風則雨   불풍즉우(요)

人若改常   인약개상(이면)

不病則死   불병즉사(니라)

改常 : 일정한 법도를 바꾸다

13

壯元詩 云	장원시 운
國正天心順	국정천심순(이요)
官淸民自安	관청민자안(이라)
妻賢夫禍小	처현부화소(요)
子孝父心寬	자효부심관(이니라)

國正 : 나라가 바르다
官淸 : 관청이 맑다
妻賢 : 아내가 어질다
心寬 : 마음이 관대하다

14

子 曰	자 왈
木從繩則直	목종승즉직(하고)
人受諫則聖	인수간즉성(이니라)

繩 : 먹줄
諫 : 간언, 충고

15

一派青山景色幽   일파청산경색유(한데)

前人田土後人收   전인전토후인수(라)

後人收得莫歡喜   후인수득막환희(하라)

更有收人在後頭   갱유수인재후두(니라)

一派 : 한 줄기

景色 : 경치

幽 : 그윽하다

歡喜 : 기뻐하다

後頭 : 뒤쪽

16

蘇東坡 曰   소동파 왈

無故而得千金   무고이득천금(은)

不有大福   불유대복(이요)

必有大禍   필유대화(니라)

無故 : 까닭 없이

17

康節邵先生 曰　　　　　강절소선생 왈

有人來問卜　　　　　유인래문복(하여)

如何是禍福　　　　　여하시화복(고)

我虧人是禍　　　　　아휴인시화(요)

人虧我是福　　　　　인휴아시복(이니라)

問卜 : 점을 묻다

18

大廈千間　　　　　대하천간(이라도)

夜臥八尺　　　　　야와팔척(이요)

良田萬頃　　　　　양전만경(이라도)

日食二升　　　　　일식이승(이니라)

大廈 : 큰 집

夜臥 : 밤에 눕는 자리

良田 : 좋은 밭

萬頃 : 만 이랑

二升 : 두 되

19

久住令人賤	구주령인천(이요)
頻來親也疎	빈래친야소(라)
但看三伍日	단간삼오일(이라도)
相見不如初	상견불여초(니라)

久住 : 오래 머물다

令 : ~하게 하다

頻來 : 자주 오다

不如初 : 처음만 같지 못하다

20

| 渴時一滴如甘露 | 갈시일적(은) 여감로(요) |
| 醉後添盃不如無 | 취후첨배(는) 불여무(니라) |

渴時 : 목마를 때

一滴 : 한 방울 물

甘露 : 단 이슬

添盃 : 잔을 더하다

不如無 : 없는 것만 같지 못하다 (없는 것이 낫다)

21

酒不醉人 人自醉   주부취인(이요) 인자취(라)

色不迷人 人自迷   색불미인(이요) 인자미(니라)

人自醉 : 사람이 스스로 취한다

色不迷 : 여색이 미혹시키지 않는다

22

公心 若比私心   공심(이) 약비사심(이면)

何事不辦   하사불변(이리오)

道念 若同情念   도념(이) 약동정념(이면)

成佛多時   성불다시(니라)

公心 : 공공을 위하는 마음

比 : 같다 비기다

何事不辦 : 어떤 일인들 힘쓰지 못하겠는가

成佛 : 부처가 되다

23

濂溪先生 曰   염계선생 왈

巧者言 拙者黙   교자언(하고) 졸자묵(하며)

巧子勞 拙者逸　　　　　교자로(하고) 졸자일(하니라)

巧者賊 拙者德　　　　　교자적(하고) 졸자덕(하며)

巧者凶 拙者吉　　　　　교자흉(하고) 졸자길(하니라)

嗚呼 天下拙　　　　　　오호(라) 천하졸(이면)

刑政徹 上安下順　　　　형정철(하고) 상안하순(하며)

風淸弊絶　　　　　　　　풍청폐절(이니라)

逸 : 편안하다

刑政 : 형벌과 정치

徹 : 없어지다 거두다 폐하다

24

易 曰　　　　　　　　　역 왈

德微而位尊　　　　　　덕미이위존(하고)

智小而謀大　　　　　　지소이모대(면)

無禍者鮮矣　　　　　　무화자선의(니라)

微 : 미약하다 보잘것없다

25

說苑 曰　　　　　　　　설원 왈

官怠於宦成　　　관태어환성(하고)

病加於小愈　　　병가어소유(니라)

禍生於懈惰　　　화생어해타(하고)

孝衰於妻子　　　효쇠어처자(니라)

察此四者　　　　찰차사자(하여)

愼終如始　　　　신종여시(하라)

宦 : 벼슬

懈惰 : 게으르고 태만함

愼終如始 : 처음처럼 끝까지 신중하게 하다

26

器滿則溢　　　　기만즉일(하고)

人滿則喪　　　　인만즉상(이니라)

溢 : 넘치다

喪 : 잃다

27

尺璧非寶　　　　척벽비보(요)

寸陰是競　　　　촌음시경(이니라)

尺璧 : 한 자의 옥구슬

寸陰 : 한 치의 시간(짧은 시간)

競 : 다투다

28

羊羹 雖美　　　　　　양갱(이) 수미(나)

衆口 難調　　　　　　중구(를) 난조(니라)

羊羹 : 양고기 국

美 : 맛이 좋다

難調 : 맞추기 어렵다

29

益智書 云　　　　　　익지서 운

白玉 投於泥塗　　　　백옥(은) 투어니도(라도)

不能汚穢其色　　　　불능오예기색(이요)

君子 行於濁地　　　　군자(는) 행어탁지(라도)

不能染亂其心　　　　불능염란기심(이니)

故 松栢 可以耐雪霜　고(로) 송백(은) 가이내설상(이요)

明智 可以涉危難　　　명지(는) 가이섭위난(이니라)

泥塗 : 진흙

汚穢 : 더럽히다

濁地 : 혼탁한 곳

染亂 : 나쁘게 물들이고 어지럽게 하다

松栢 : 소나무와 잣나무

耐 : 견디다

雪霜 : 눈과 서리

涉 : 건너다, 극복하다

30

入山擒虎 易　　　　　　　　입산금호(는) 이(나)

開口告人 難　　　　　　　　개구고인(은) 난(이니라)

擒虎 : 호랑이를 잡다

告人 : 남에게 알리다, 고하다, 충고하다

31

遠水 不救近火　　　　　　　원수(는) 불구근화(요)

遠親 不如近隣　　　　　　　원친(은) 불여근린(이니라)

遠親 : 먼 친척

近隣 : 가까운 이웃

32

太公 曰	태공 왈
日月 雖明	일월(이) 수명(이나)
不照覆盆之下	부조복분지하(하고)
刀刃 雖快	도인(이) 수쾌(나)
不斬無罪之人	불참무죄지인(하고)
非災橫禍	비재횡화(는)
不入愼家之門	불입신가지문(이니라)

覆盆 : 엎어놓은 단지

刀刃 : 칼날

快 : 날카롭다

斬 : 베다 자르다

非災 : 뜻밖의 재앙

橫禍 : 뜻밖의 화

33

太公 曰	태공 왈
良田萬頃	양전만경(이라도)
不如薄藝隨身	불여박예수신(이니라)

薄藝 : 작은 재주, 보잘것없는 기예

隨身 : 몸에 지니다

34

性理書 云	성리서 운
接物之要	접물지요(는)
己所不欲	기소불욕(을)
勿施於人	물시어인(하고)
行有不得	행유부득(이어든)
反求諸己	반구저기(니라)

接物之要 : 사물을 접하는 요체
己所不欲 : 자기가 하고 싶지 않은 것
勿施於人 : 남에게 시키지 말라
行有不得 : 행하고도 얻지 못하는 것
反求諸己 : 도리어 자기에게 구한다

35

酒色財氣四堵墻	주색재기사도장(에)
多少賢愚在內廂	다소현우재내상(이나)
若有世人跳得出	약유세인도득출(이면)
便是神仙不死方	변시신선불사방(이니라)

堵墻 : 담장, 울타리

廂 : 사랑채, 행랑

跳 : 뛰다

方 : 처방

13. 立教

1

子 曰	자 왈
立身有義	입신유의(니)
而孝其本	이효기본(이요)
喪祀有禮	상사유례(이니)
而哀爲本	이애위본(이라)
戰陣有列	전진유열(이니)
而勇爲本	이용위본(이요)
治政有理	치정유리(니)
而農爲本	이농위본(이라)
居國有道	거국유도(니)
而嗣爲本	이사위본(이요)
生財有時	생재유시(니)
而力爲本	이력위본(이니라)

喪祀 : 초상과 제사

戰陣 : 전쟁에서 진치는 일

嗣 : 후사

2

景行錄 云	경행록 운
爲政之要	위정지요(는)
曰 公與淸	왈 공여청(이요)
成家之道	성가지도(는)
曰 儉與勤	왈 검여근(이니라)

爲政之要 : 정치를 하는 요체

3

讀書 起家之本	독서(는) 기가지본(이요)
循理 保家之本	순리(는) 보가지본(이요)
勤儉 治家之本	근검(은) 치가지본(이요)
和順 齊家之本	화순(은) 제가지본(이니라)

循理 : 이치를 따르다

勤儉 : 부지런함과 검소함

齊家 : 집안을 가지런히 하다

4

孔子 三計圖 云	공자 삼계도(에) 운
一生之計 在於幼	일생지계(는) 재어유(하고)
一年之計 在於春	일년지계(는) 재어춘(하고)
一日之計 在於寅	일일지계(는) 재어인(이니라)
幼而不學	유이불학(이면)
老無所知	노무소지(요)
春若不耕	춘약불경(이면)
秋無所望	추무소망(이요)
寅若不起	인약불기(면)
日無所辦	일무소판(이니라)

幼 : 어리다
寅 : 새벽 3시부터 5시

5

性理書 云	성리서 운
伍敎之目	오교지목(은)

父子有親	부자유친(이요)
君臣有義	군신유의(요)
夫婦有別	부부유별(이요)
長幼有序	장유유서(요)
朋友有信	붕우유신(이니라)

目 : 조목, 세목, 항목
序 : 순서 차례

6

三綱	삼강(은)
君爲臣綱	군위신강(이요)
父爲子綱	부위자강(이요)
夫爲婦綱	부위부강(이니라)

綱 : 벼리(그물을 꿰는 굵은 줄)

7

王蠋 曰	왕촉 왈
忠臣 不事二君	충신(은) 불사이군(하고)

烈女 不更二夫　　　　　　열녀(는) 불경이부(니라)

更 : 바꾸다

8

忠子 曰　　　　　　충자 왈
治官 莫若平　　　　　　치관(엔) 막약평(이요)
臨財 莫若廉　　　　　　임재(엔) 막약렴(이니라)

平 : 공평함
臨財 : 재물에 임하다, 재물을 대하다
廉 : 청렴함

9

張思叔 座右銘 曰　　　　　　장사숙 좌우명(에) 왈
凡語 必忠信　　　　　　범어(를) 필충신(하며)
凡行 必篤敬　　　　　　범행(을) 필독경(하라)
飮食 必愼節　　　　　　음식(을) 필신절(하며)
字畫 必楷正　　　　　　자화(를) 필해정(하라)
容貌 必端莊　　　　　　용모(를) 필단장(하며)
衣冠 必整肅　　　　　　의관(을) 필정숙(하라)

步履 必安詳	보리(를) 필안상(하며)
居處 必正靜	거처(를) 필정정(하라)
作事 必謀始	작사(를) 필모시(하며)
出言 必顧行	출언(을) 필고행(하라)
常德 必固持	상덕(을) 필고지(하며)
然諾 必重應	연낙(을) 필중응(하라)
見善 如己出	견선(을) 여기출(하며)
見惡 如己病	견악(을) 여기병(하라)
凡此 十四者	범차십사자(는)
皆我未深省	개아미심성(이라)
書此當座右	서차당좌우(하고)
朝夕視爲警	조석시위경(하노라)

楷正 : 반듯하고 바르게

端莊 : 단정하고 정중하게

步履 : 걸음걸이

安詳 : 편안하고 가볍게

作事 : 일을 하다

謀始 : 계획을 세워 시작하다

顧行 : 행동을 돌아보다

固持 : 굳게 지키다

然諾 : 그렇다고 대답하다

重應 : 신중하게 응하다

深省 : 깊이 살피다

座右 : 자리 오른쪽

警 : 경계, 경구

10

范益謙 座右銘 曰	범익겸 좌우명(에) 왈
一 不言朝廷利害邊報差除	일 불언조정이해변보차제(요)
二 不言州縣官員長短得失	이 불언주현관원장단득실(이요)
三 不言衆人所作過惡之事	삼 불언중인소작과악지사(요)
四 不言仕進官職趨時附勢	사 불언사진관직추시부세(요)
伍 不言財利多厭貧求富	오 불언재리다염빈구부(요)
六 不言淫媟戲慢評論女色	육 불언음설희만평론여색(이요)
七 不言求覓人物干索酒食	칠 불언구멱인물간색주식(이요)
又人附書信 不可開坼沈滯	우인부서신(을) 불가개탁침체(요)
與人並坐 不可窺人私書	여인병좌(에) 불가규인사서(요)
凡入人家 不可看人文字	범입인가(에) 불가간인문자(요)
凡借人物 不可損壞不還	범차인물(에) 불가손괴불환(이요)
凡喫飲食 不可揀擇去取	범끽음식(에) 불가간택거취(요)
與人同處 不可自擇便利	여인동처(에) 불가자택편리(요)
凡人富貴 不可歎羨詆毀	범인부귀(에) 불가탄선저훼(니라)
凡此數事 有犯之者	범차수사(에) 유범지자(면)
足以見用意之不肖	족이견용의지불초(니)

於存心修身 大有所害　　어존심수신(에) 대유소해(라)

因書以自警　　　　　　인서이자경(하노라)

　邊報 : 변방의 보고

　差除 : 관리을 파견하여 벼슬에 임명함

　州縣 : 주와 현(지방의 행정단위)

　趨時附勢 : 때에 따라 권세에 아부함

　厭貧求富 : 가난을 싫어하고 부자가 되기를 구함

　淫媟戲慢 : 음란하게 말하고 희롱함

　求覓人物 : 남의 물건을 구하여 탐함

　干索 : 구하고 찾다

　附 : 부탁하다

　開坼 : 뜯어보다

　沈滯 : 지체하다

　並坐 : 함께 앉다

　窺 : 엿보다

　損壞 : 손상하고 파괴하다

　揀擇 : 가려서 택하다

　歎羨詆毀 : 지나치게 부러워하고 욕하고 헐뜯다

11

武王 問太公 曰　　　　　무왕(이) 문태공 왈

人居世上 何得貴賤貧富不等　인거세상(에) 하득귀천빈부부등(고)

願聞說之 欲知是矣　　　　원문설지(하여) 욕지시의(로다)

太公 曰　　　　　　　　　태공 왈

富貴 如聖人之德　　　　　부귀(는) 여성인지덕(하여)

皆由天命　　　　　　　　개유천명(이니이다)

富者 用之有節　　　　　　부자(는) 용지유절(하고)

不富者 家有十盜　　　　　불부자(는) 가유십도(니이다)

　　十盜 : 열 가지 도둑

12

武王 曰　　　　　　　　　무왕 왈

何謂十盜　　　　　　　　하위십도(닛고)

太公 曰　　　　　　　　　태공 왈

時熟不收 爲一盜　　　　　시숙불수(가) 위일도(요)

收積不了 爲二盜　　　　　수적불료(가) 위이도(요)

無事燃燈寢睡 爲三盜　　　무사연등침수(가) 위삼도(요)

慵懶不耕 爲四盜　　　　　용라불경(이) 위사도(요)

不施功力 爲伍盜　　　　　불시공력(이) 위오도(요)

專行巧害 爲六盜　　　　　전행교해(가) 위육도(요)

養女太多 爲七盜　　　　　양녀태다(가) 위칠도(요)

晝眠懶起 爲八盜　　　　　주면라기(가) 위팔도(요)

貪酒嗜慾 爲九盜　　　　　탐주기욕(이) 위구도(요)

強行嫉妬 爲十盗　　　　　강행질투(가) 위십도(니이다)

時熟 : 제 때에 익다

收 : 거두다

了 : 마치다, 끝내다

燃燈 : 등불을 켜다

寢睡 : 누워서 자다

慵懶 : 게으르고 나태하다

專行巧害 : 교활하고 해로운 일을 제 마음대로 행하다

貪酒嗜慾 : 술을 탐내고 욕심을 즐기다

强行嫉妬 : 심하게 질투하다

13

武王 曰　　　　　　　　　　무왕 왈

家無十盗 而不富者 何如　　가무십도(나) 이불부자(는) 하여(닛고)

太公 曰　　　　　　　　　　태공 왈

人家 必有三耗　　　　　　　인가(에) 필유삼모(니이다)

武王 曰　　　　　　　　　　무왕 왈

何名三耗　　　　　　　　　　하명삼모(닛고)

太公 曰　　　　　　　　　　태공 왈

倉庫漏濫不蓋　　　　　　　　창고루람불개(하여)

鼠雀亂食 爲一耗　　　　　　서작난식(이) 위일모(요)

收種失時 爲二耗　　　　　　수종실시(가) 위이모(요)

抛撒米穀穢賤 爲三耗　　　　포살미곡예천(이) 위삼모(니이다)

三耗 : 세 가지 덜어내는 것
漏濫 : 새거나 넘치다
不蓋 : 덮지 않다
鼠雀 : 쥐와 참새
亂食 : 마구 먹다
抛撒 : 던지고 흩뜨리다
穢賤 : 더럽고 천하다

14

武王 曰　　　　　　　　　무왕 왈
家無三耗　　　　　　　　가무삼모(나)
而不富者 何如　　　　　　이불부자(는) 하여(닛고)
太公 曰　　　　　　　　　태공 왈
人家必有一錯 二誤　　　　인가필유일착(과) 이오(와)
三痴 四失 伍逆　　　　　삼치(와) 사실(과) 오역(과)
六不祥 七奴 八賤　　　　육불상(과) 칠노(와) 팔천(과)
九愚 十强　　　　　　　　구우(와) 십강(하여)
自招其禍 非天降殃　　　　자초기화(요) 비천강앙(이니이다)

錯 : 어긋남

誤 : 그름, 잘못

痴 : 미련함

失 : 잃음

逆 : 거르름

不祥 : 좋지 않음, 나쁨

奴 : 곁다리낌

賤 : 천함

愚 : 어리석음

强 : 억지씀, 뻔뻔함

降殃 : 재앙을 내리다

15

武王 曰	무왕 왈
願悉聞之	원실문지(라)
太公 曰	태공 왈
養男不敎訓 爲一錯	양남불교훈(이) 위일착(이요)
嬰孩不訓 爲二誤	영해불훈(이) 위이오(요)
初迎新婦 不行嚴訓 爲三痴	초영신부(하여) 불행엄훈(이) 위삼치(요)
未語先笑 爲四失	미어선소(가) 위사실(이요)
不養父母 爲伍逆	불양부모(가) 위오역(이요)
夜起赤身 爲六不祥	야기적신(이) 위육불상(이요)
好挽他弓 爲七奴	호만타궁(이) 위칠노(요)
愛騎他馬 爲八賤	애기타마(가) 위팔천(이요)

喫他酒勸他人 爲九愚　　　끽타주권타인(이) 위구우(요)

喫他飯命朋友 爲十强　　　끽타반명붕우(가) 위십강(이니이다)

武王 曰　　　무왕 왈

甚美誠哉 是言也　　　심미성재(로다) 시언야(라)

悉 : 자세히 전부 모두 다

嬰孩 : 어린아이

嚴訓 : 엄한 가르침

赤身 : 알몸

挽 : 당기다

騎 : 말을 타다

14. 治政

1

明道先生 曰	명도선생 왈
一命之士	일명지사(라도)
苟有存心於愛物	구유존심어애물(이면)
於人必有所濟	어인필유소제(니라)

一命之士 : 처음 벼슬하는 사람 (관직은 일명에서 구명까지 있다)

2

唐太宗 御製 云	당태종 어제(에) 운
上有麾之	상유휘지(하고)
中有乘之 下有附之	중유승지(하고) 하유부지(하여)
幣帛衣之 倉廩食之	폐백의지(요) 창름식지(하니)

爾俸爾祿 民膏民脂　　　이봉이록(이) 민고민지(니라)

下民 易虐 上蒼 難欺　　하민(은) 이학(이나) 상창(은) 난기(니라)

　　麾之 : 지휘하다

　　乘之 : 타다 (다스리다)

　　附之 : 덧붙이다 따르다

　　幣帛 : 비단

　　倉廩 : 창고

　　易虐 : 학대하기 쉽다

　　難欺 : 속이기 어렵다

3

童蒙訓 曰　　　　　　동몽훈 왈

當官之法 唯有三事　　당관지법(은) 유유삼사(니)

曰淸 曰愼 曰勤　　　　왈청 왈신 왈근(이라)

知此三者 知所以持身矣　지차삼자(면) 지소이지신의(니라)

　　當官之法 : 관직을 맡아 지켜야 할 법도

4

當官者 必以暴怒爲戒　당관자(는) 필이폭노위계(하라)

事有不可 當詳處之 　　　사유불가(어든) 당상처지(면)

必無不中 　　　　　　　필무부중(이어니와)

若先暴怒 只能自害 　　　약선폭노(면) 지능자해(라)

豈能害人 　　　　　　　기능해인(이리오)

　暴怒 : 갑자기 화내다

5

事君 如事親 　　　　　　사군(을) 여사친(하고)

事官 長如事兄 　　　　　사관(을) 장여사형(하고)

與同僚 如家人 　　　　　여동료(를) 여가인(하고)

待群吏 如奴僕 　　　　　대군리(를) 여노복(하고)

愛百姓 如妻子 　　　　　애백성(을) 여처자(하고)

處官事 如家事 　　　　　처관사(를) 여가사(하고)

然後 能盡吳之心 　　　　연후(에) 능진오지심(이니)

如有毫末不至 　　　　　여유호말부지(면)

皆吳心 有所未盡也 　　　개오심(에) 유소미진야(니라)

　群吏 : 여러 아전

　奴僕 : 종, 하인

　毫末 : 털끝

　有所未盡 : 다하지 못한 바가 있다

6

或 問	혹 문
簿 佐令者也	부(는) 좌령자야(니)
簿所欲爲 令或不從 奈何	부소욕위(를) 영혹부종(이면) 내하(닛고)
伊川先生 曰	이천선생 왈
當以誠意動之	당이성의동지(니라)
今令與簿不和 便是爭私意	금령여부불화(는) 변시쟁사의(요)
令 是邑之長	영(은) 시읍지장(이니)
若能以事父兄之道 事之	약능이사부형지도(로) 사지(하여)
過則歸己	과즉귀기(하고)
善則唯恐不歸於令	선즉유공불귀어령(하여)
積此誠意 豈有不動得人	적차성의(면) 기유부동득인(이리오)

簿 : 주부 (문서를 다루는 관리)

佐 : 보좌하다

令 : 현령 (현을 다스리는 관장)

奈何 : 어떻게 하겠는가?

歸己 : 자신에게 돌리다

7

劉安禮 問臨民	유안례 문임민(한대)

明道先生 曰　　　　　명도선생 왈

使民 各得輸其情　　　사민(으로) 각득수기정(하라)

問御吏 曰正己以格物　문어리(한대) 왈 정기이격물(하라)

　輸 : 이루다, 전달하다, 펴다

　御吏 : 아전을 거느리다

　格物 : 남을 바르게 하다

8

抱朴子 曰　　　　　　포박자 왈

迎斧鉞而正諫　　　　영부월이정간(하며)

據鼎鑊而盡言　　　　거정확이진언(이면)

此謂忠臣也　　　　　차위충신야(니라)

　斧鉞 : 도끼

　據 : 넣다

　鼎鑊 : 가마솥

15. 治家

1

司馬溫公 曰　　　　사마온공 왈

凡諸卑幼 事無大小　　범제비유(는) 사무대소(에)

毋得專行　　　　　　무득전행(하고)

必咨稟於家長　　　　필자품어가장(이니라)

　　卑幼 : 손아래의 어린 사람

　　咨稟 : 윗사람에게 여쭈다

2

待客 不得不豐　　　대객(은) 부득불풍(이요)

治家 不得不儉　　　치가(는) 부득불검(이니라)

不得不 : ～하지 않을 수 없다 (～해야 한다)

豊 : 풍성하다

3

太公 曰   태공 왈

痴人 畏婦   치인(은) 외부(하고)

賢女 敬夫   현녀(는) 경부(니라)

痴 : 어리석다, 못나다

畏 : 두려워하다

4

凡使奴僕   범사노복(에)

先念飢寒   선념기한(하라)

飢寒 : 굶주림과 추위

5

子孝雙親樂   자효쌍친락(이요)

家和萬事成   가화만사성(이니라)

雙親 : 양친, 어버이, 부모

6

時時防火發　　　　　시시방화발(하고)

夜夜備賊來　　　　　야야비적래(하라)

時時 : 때때로, 항상

夜夜 : 밤마다

7

景行錄 云　　　　　　경행록 운

觀朝夕之早晏　　　　관조석지조안(하면)

可以卜人家之興替　　가이복인가지흥체(니라)

早晏 : 이르고 늦음

興替 : 흥하고 망함

8

文仲子 曰　　　　　　문중자 왈

婚娶而論財　　　　　혼취이논재(는)

夷虜之道也   이로지도야(니라)

  婚娶 : 시집가고 장가가다

  夷虜 : 오랑캐

16. 安義

1

顔氏家訓 曰	안씨가훈 왈
夫有人民而後 有夫婦	부유인민이후(에) 유부부(하고)
有夫婦而後 有父子	유부부이후(에) 유부자(하고)
有父子而後 有兄弟	유부자이후(에) 유형제(하니)
一家之親 此三者而已矣	일가지친(은) 차삼자이이의(라)
自玆以往 至于九族	자자이왕(에) 지우구족(이)
皆本於三親焉	개본어삼친언(이라)
故 於人倫	고(로) 어인륜(에)
爲重也 不可無篤	위중야(나) 불가무독(이니라)

自玆以往 : 여기에서 나아가

九族 : 구대 (자기로부터 위로 사대, 아래로 사대를 말함, 즉 친족 전부)

三親 : 부부, 부자, 형제

不可無 : ～하지 않으면 안 된다 (해야 한다)

2

莊子 曰	장자 왈
兄弟爲手足 夫婦爲衣服	형제위수족(이요) 부부위의복(이라)
衣服破時 更得新	의복파시(엔) 갱득신(이나)
手足斷處 難可續	수족단처(엔) 난가속(이니라)

手足 : 손과 발

破 : 깨뜨리다

續 : 잇다

3

蘇東坡 云	소동파 운
富不親兮貧不疎	부불친혜빈불소(는)
此是人間大丈夫	차시인간대장부(요)
富則進兮貧則退	부즉진혜빈즉퇴(는)
此是人間盡小輩	차시인간진소배(니라)

人間 : 세상

小輩 : 소인배

17. 遵禮

1

子 曰	자 왈
居家有禮故 長幼辨	거가유례고(로) 장유변(하고)
閨門有禮故 三族和	규문유례고(로) 삼족화(하고)
朝廷有禮故 官爵序	조정유례고(로) 관작서(하고)
田獵有禮故 戎事閑	전렵유례고(로) 융사한(하고)
軍旅有禮故 武功成	군려유례고(로) 무공성(하니라)

閨門 : 여자가 거처하는 곳을 말함

三族 : 아버지쪽, 어머니쪽, 아내쪽 친척들을 말함

官爵 : 관직과 작위

田獵 : 사냥

戎事 : 전쟁에 관한 일

軍旅 : 군대

2

子 曰	자 왈
君子有勇而無禮 爲亂	군자유용이무례(면) 위란(이요)
小人有勇而無禮 爲盜	소인유용이무례(면) 위도(니라)

亂 : 혼란

盜 : 도둑

3

曾子 曰	증자 왈
朝廷 莫如爵	조정(엔) 막여작(이요)
鄕黨 莫如齒	향당(엔) 막여치(요)
輔世長民 莫如德	보세장민(엔) 막여덕(이니라)

鄕黨 : 마을

齒 : 나이

輔世長民 : 세상을 돕고 백성을 기른다

4

老少長幼 天分秩序	노소장유(는) 천분질서(니)
不可悖理而傷道也	불가패리이상도야(니라)

天分 : 하늘이 내려준 분수

悖理 : 이치를 어기다

傷道 : 도리를 상하게 하다

5

出門 如見大賓   출문(엔) 여견대빈(하고)

入室 如有人   입실(엔) 여유인(하라)

大賓 : 큰 손님

6

若要人重我   약요인중아(어든)

無過我重人   무과아중인(이니라)

要 : 요구하다 바라다

重 : 존중하다, 정중하다

無過 : ~에 지나지 않는다

7

父不言子之德   부불언자지덕(하고)

子不談父之過　　　　　자부담부지과(니라)

談 : 말하다

18. 言語

1

劉會 曰   유회 왈

言不中理   언부중리(면)

不如不言   불여불언(이니라)

    不中 : 맞지 않다

2

一言不中   일언부중(이면)

千語無用   천어무용(이니라)

    無用 : 쓸데없다

3

君平 曰   군평 왈

口舌者 禍患之門   구설자(는) 화환지문(이요)

滅身之斧也멸   신지부야(니라)

    禍患之門 : 재앙과 근심의 문

    滅身之斧 : 몸을 망치는 도끼

4

利人之言 煖如綿絮   이인지언(은) 난여면서(하고)

傷人之語 利如荊棘   상인지어(는) 이여형극(이라)

一言利人 重值千金   일언리인(이) 중치천금(이요)

一語傷人 痛如刀割   일어상인(이) 통여도할(이니라)

    綿絮 : 솜옷

    荊棘 : 가시

    痛 : 아프다

    刀割 : 칼로 베다

5

口是傷人斧   구시상인부(요)

言是割舌刀 　　　　　언시할설도(니)

閉口深藏舌 　　　　　폐구심장설(이면)

安身處處牢 　　　　　안신처처뢰(니라)

　藏 : 감추다, 숨기다

　牢 : 굳다

6

逢人且說三分話 　　　봉인차설삼분화(하고)

未可全抛一片心 　　　미가전포일편심(하라)

不怕虎生三個口 　　　불파호생삼개구(요)

只恐人情兩樣心 　　　지공인정양양심(이니라)

　逢 : 만나다

　三分話 : 10분의 3만 말하다

　抛 : 던지다

　怕 : 두렵다

7

酒逢知己千鍾少 　　　주봉지기천종소(요)

話不投機一句多 　　　화불투기일구다(니라)

知己 : 자기를 알아주는 친구

鍾 : 술잔

不投機 : 의기가 투합하지 않다

19. 交友

1

子 曰	자 왈
與善人居 如入芝蘭之室	여선인거(면) 여입지란지실(하여)
久而不聞其香 卽與之化矣	구이불문기향(이나) 즉여지화의(요)
與不善人居 如入鮑魚之肆	여불선인거(면) 여입포어지사(하여)
久而不聞其臭 亦與之化矣	구이불문기취(나) 역여지화의(니라)
丹之所藏者 赤	단지소장자(는) 적(하고)
漆之所藏者 黑	칠지소장자(는) 흑(하니)
是以 君子	시이(로) 군자(는)
必愼其所與處者焉	필신기소여처자언(이니라)

芝蘭 : 영지와 난초

聞 : 냄새를 맡다

與之化 : 더불어 동화되다

鮑魚之肆 : 생선 가게

臭 : 냄새

丹 : 단사 (붉은 빛깔이 나는 돌, 염료의 재료)

漆 : 옻 (검은 물감을 내는 재료)

2

家語 云	가어 운
與好學人同行	여호학인동행(이면)
如霧露中行 雖不濕衣	여무로중행(하여) 수불습의(라도)
時時有潤	시시유윤(이요)
與無識人同行	여무식인동행(이면)
如厠中座	여측중좌(하여)
雖不汚衣 時時聞臭	수불오의(라도) 시시문취(니라)

好學人 : 배우기를 좋아하는 사람

霧露 : 안개와 이슬

濕 : 젖다

潤 : 배어들다, 윤택하다

厠 : 변소, 측간, 뒷간

汚 : 더럽히다

3

子 曰　　　　　　　　　자 왈

晏平仲 善與人交　　　안평중(은) 선여인교(로다)

久而敬之　　　　　　구이경지(온여)

　　與人交 : 남과 더불어 사귀다

4

相識滿天下　　　　　상식만천하(하되)

知心能幾人　　　　　지심능기인(고)

　　幾人 : 몇 사람

5

酒食兄弟千個有　　　주식형제천개유(로되)

急難之朋一個無　　　급난지붕일개무(니라)

　　急難之朋 : 다급하고 어려울 때 도와 줄 친구

6

不結子花 休要種   불결자화(는) 휴요종(이요)

無義之朋 不可交   무의지붕(은) 불가교(니라)

子花 : 씨와 꽃

休要 : ~하지 말라 ~할 필요가 없다

7

君子之交 淡如水   군자지교(는) 담여수(하고)

小人之交 甘若醴   소인지교(는) 감약례(니라)

淡 : 담담하다, 담박하다

醴 : 단술

8

路遙知馬力   노요지마력(이요)

日久見人心   일구견인심(이니라)

遙 : 멀다

20. 婦行

1

益智書 云	익지서 운
女有四德之譽	여유사덕지예(니)
一曰 婦德	일왈 부덕(이요)
二曰 婦容	이왈 부용(이요)
三曰 婦言	삼왈 부언(이요)
四曰 婦工也	사왈 부공야(니라)

婦德 : 여성의 덕행
婦容 : 여성의 용모
婦言 : 여성의 말씨
婦工 : 여성의 솜씨

2

婦德者	부덕자(는)
不必才名絶異	불필재명절이(요)
婦容者	부용자(는)
不必顏色美麗	불필안색미려(요)
婦言者	부언자(는)
不必辯口利詞	불필변구리사(요)
婦工者	부공자(는)
不必技巧過人也	불필기교과인야(니라)

不必 : 반드시 ~는 아니다
才名 : 재주와 명성
絶異 : 남다르게 뛰어나다
美麗 : 아름답고 곱다
辯口 : 말솜씨가 좋다
利詞 : 말을 잘하다
過人 : 남보다 뛰어나다

3

其婦德者	기부덕자(는)
淸貞廉節 守分整齊	청정렴절(하고) 수분정제(하며)
行止有恥 動靜有法	행지유치(하고) 동정유법(이니)

此爲婦德也	차위부덕야(니라)
婦容者	부용자(는)
洗浣塵垢 衣服鮮潔	세완진구(하고) 의복선결(하며)
沐浴及時 一身無穢	목욕급시(하여) 일신무예(니)
此爲婦容也	차위부용야(니라)
婦言者	부언자(는)
擇師而說 不談非禮	택사이설(하고) 부담비례(하며)
時然後言 人不厭其言	시연후언(하여) 인불염기언(이니)
此爲婦言也	차위부언야(니라)
婦工者	부공자(는)
專勤紡積 勿好葷酒	전근방적(하고) 물호훈주(하며)
供具甘旨 以奉賓客	공구감지(하여) 이봉빈객(하니)
此爲婦工也	차위부공야(니라)

淸貞 : 맑고 곧다

廉節 : 염치와 절개

守分 : 분수를 지키다

整齊 : 단정하고 가지런하다

行止 : 몸가짐, 행동거지

洗浣 : 씻어내다

塵垢 : 먼지와 때

鮮潔 : 선명하고 깨끗하다

穢 : 더러움

擇師 : 말을 가리다

不厭 : 싫어하지 않다

專勤 : 오로지 부지런히 하다

紡積 : 길쌈

釀酒 : 술을 빚다

供具 : 갖추어 구비하다

4

此四德者	차사덕자(는)
是婦人之所不可缺者	시부인지소불가결자(라)
爲之甚易 務之在正	위지심이(하고) 무지재정(하니)
依此而行 是爲婦節	의차이행(이면) 시위부절(이니라)

不可缺者 : 없어서는 안 되는 것

爲之甚易 : 하기가 매우 쉽다

務之 : 애쓰다

5

太公 曰	태공 왈
婦人之禮 語必細	부인지례(는) 어필세(니라)

細 : 가늘다

6

| 賢婦 令夫貴 | 현부(는) 영부귀(요) |
| 佞婦 令夫賤 | 영부(는) 영부천(이니라) |

佞 : 아첨하다, 바르지 못하다, 간사하다

7

| 家有賢妻 | 가유현처(면) |
| 夫不遭橫禍 | 부부조횡화(니라) |

遭 : 만나다

8

| 賢婦 和六親 | 현부(는) 화육친(이요) |
| 佞婦 破六親 | 영부(는) 파육친(이니라) |

六親 : 부모 형제 처자를 이름

21. 增補

1

周易 曰	주역 왈
善不積	선부적(이면)
不足以成名	부족이성명(이요)
惡不積	악부적(이면)
不足以滅身	부족이멸신(이라)
小人 以小善	소인(은) 이소선(으로)
爲无益而弗爲也	위무익이불위야(하고)
以小惡 爲无傷而弗去也	이소악(으로) 위무상이불거야(라)
故 惡積而不可掩	고(로) 악적이불가엄(이요)
罪大而不可解	죄대이불가해(니라)

掩 : 가리다

解 : 풀다

2

履霜 堅氷至	이상(하면) 견빙지(하니)
臣弑其君	신시기군(하며)
子弑其父	자시기부(는)
非一旦一夕之事也	비일단일석지사야(라)
其由來者漸矣	기유래자점의(나라)

履霜 : 서리를 밟다

堅氷 : 단단한 얼음

弑 : 시해하다 (윗사람을 죽이다)

漸 : 점차 생기다

22. 八反歌八首

1

幼兒或詈我	유아혹리아(면)
我心覺懽喜	아심각환희(하고)
父母嗔怒我	부모진노아(하면)
我心反不甘	아심반불감(이라)
一喜懽一不甘	일희환일불감(하니)
待兒待父心何懸	대아대부심하현(고)
勸君今日逢親怒	권군금일봉친노(어든)
也應將親作兒看	야응장친작아간(하라)

詈 : 꾸짖다, 욕하다

懸 : 다르다

2

兒曹出千言	아조출천언(하되)
君聽常不厭	군청상불염(하고)
父母一開口	부모일개구(하면)
便道多閑管	변도다한관(이라)
非閑管親掛牽	비한관친괘견(이니)
皓首白頭多諳練	호수백두다암련(이라)
勸君敬奉老人言	권군경봉로인언(하고)
莫敎乳口爭長短	막교유구쟁장단(하라)

兒曹 : 아이들
閑管 : 간섭하다
掛牽 : 이끌어주다 (가르쳐주다)
皓首 : 흰 머리
諳練 : 아주 익숙하다 (잘 알다)
敎 : ~로 하여금
乳口 : 젖내나는 입

3

幼兒尿糞穢	유아뇨분예(는)
君心無厭忌 老親涕唾零	군심무염기(로되) 노친체타영(은)
反有憎嫌意	반유증혐의(니라)

六尺軀來何處　　　　　육척구래하처(오)

父精母血成汝體　　　　부정모혈성여체(니라)

勸君敬待老來人　　　　권군경대노래인(하라)

壯時爲爾筋骨敝　　　　장시위이근골폐(니라)

尿糞 : 오줌과 똥

厭忌 : 싫어하고 꺼리다

涕唾 : 눈물과 침

零 : 떨어지다

憎嫌 : 미워하고 싫어하다

六尺軀 : 여섯 자 되는 몸 (사람의 몸을 이름)

汝 : 너

4

看君晨入市　　　　　　간군신입시(하여)

買餠又買餻　　　　　　매병우매고(하니)

少聞供父母 多說供兒曹　소문공부모(하고) 다설공아조(라)

親未啖兒先飽　　　　　친미담아선포(하니)

子心不比親心好　　　　자심불비친심호(라)

勸君多出買餠錢　　　　권군다출매병전(하여)

供養白頭光陰少　　　　공양백두광음소(하라)

晨 : 새벽

餠 : 밀가루떡

餻 : 쌀떡

啖 : 먹다

光陰 : 세월, 시간

5

市間賣藥肆	시간매약사(에)
惟有肥兒丸	유유비아환(하고)
未有壯親者	미유장친자(하니)
何故兩般看	하고양반간(고)
兒亦病親亦病	아역병친역병(에)
醫兒不比醫親症	의아불비의친증(이라)
割股還是親的肉	할고환시친적육(이니)
勸君亟保雙親命	권군극보쌍친명(하라)

賣藥肆 : 약 파는 가게

丸 : 알약

兩般 : 두가지

症 : 병

割股 : 허벅지를 베다

亟 : 빨리

6

富貴養親易	부귀양친이(로되)
親常有未安	친상유미안(하고)
貧賤養兒難	빈천양아난(하되)
兒不受饑寒	아불수기한(이라)
一條心兩條路	일조심양조로(에)
爲兒終不如爲父	위아종불여위부(라)
勸君養親如養兒	권군양친여양아(하고)
凡事莫推家不富	범사막추가불부(하라)

條 : 가닥, 갈래

推 : 미루다, 핑계대다

7

養親只二人	양친지이인(이로되)
常與兄弟爭	상여형제쟁(하고)
養兒雖十人	양아수십인(이나)
君皆獨自任	군개독자임(이라)
兒飽煖親常問	아포난친상문(하되)
父母饑寒不在心	부모기한부재심(이라)
勸君養親須竭力	권군양친수갈력(하라)

當初衣食被君侵　　　당초의식피군침(이니라)

自任 : 자신이 책임지다

竭力 : 힘을 다하다

當初 : 처음에

被君侵 : 그대에게 빼앗겼다

8

親有十分慈　　　친유십분자(하되)

君不念其恩　　　군불념기은(하고)

兒有一分孝　　　아유일분효(하면)

君就揚其名　　　군취양기명(이라)

待親暗待兒明　　　대친암대아명(하니)

誰識高堂養子心　　　수식고당양자심(고)

勸君漫信兒曹孝　　　권군만신아조효(하라)

兒曹樣子在君身　　　아조양자재군신(이니라)

慈 : 자애, 사랑

揚 : 날리다, 자랑하다

漫信 : 지나치게 믿다

樣子 : 본보기

23. 孝行 續

1

孫順 家貧	손순(이) 가빈(하여)
與其妻 傭作人家以養母	여기처(로) 용작인가이양모(라)
有兒每奪母食 順 謂妻曰	유아매탈모식(하니) 순(이) 위처왈
兒奪母食	아탈모식(하니)
兒 可得	아(는) 가득(이나)
母難再求 乃負兒	모난재구(라 하고) 내부아(하고)
往歸醉山北郊 欲埋堀地	왕귀취산북교(하여) 욕매굴지(러니)
忽有甚奇石鍾 驚怪試撞之	홀유심기석종(이어늘) 경괴시당지(하니)
春容可愛	용용가애(라)
妻 曰	처 왈
得此奇物 殆兒之福	득차기물(은) 태아지복(이라)
埋之不可	매지불가(라 하니)
順 以爲然	순(이) 이위연(하여)

將兒與鐘 還家	장아여종(으로) 환가(하여)
縣於樑 撞之	현어량(하고) 당지(러니)
王 聞鐘聲淸遠異常	왕(이) 문종성청원이상(하여)
而覈聞其實	이핵문기실(하고)
曰 昔 郭巨埋子	왈 석(에) 곽거매자(엔)
天賜金釜	천사금부(러니)
今孫順 埋兒 地出石鐘	금손순(이) 매아(엔) 지출석종(하니)
前後符同	전후부동(이라 하고)
賜家一區	사가일구(하고)
歲給米伍十石	세급미오십석(하니라)

傭作 : 품팔이하다

每奪 : 매번 빼앗다

埋 : 묻다

堀 : 파다

撞 : 두드리다 치다

舂容 : 종소리

縣 : 매달다

樑 : 대들보

覈 : 조사하다

符同 : 부절처럼 꼭 맞다

給 : 주다

2

尙德 値年荒癘疫	상덕(은) 치년황려역(하여)
父母飢病濱死	부모기병빈사(라)
尙德 日夜不解衣	상덕(이) 일야불해의(하고)
盡誠安慰	진성안위(하되)
無以爲養 則割髀肉食之	무이위양(이면) 즉규비육식지(하고)
母發癰 吮之卽瘉	모발옹(에) 연지즉유(라)
王 嘉之	왕(이) 가지(하여)
賜賚甚厚	사뢰심후(하고)
命旌其門	명정기문(하고)
立石紀事	입석기사(하니라)

年荒 : 흉년
癘疫 : 염병, 전염병
濱死 : 거의 죽게 되다
不解衣 : 옷을 벗지 않다
割髀肉 : 넙적다리살을 베다
發癰 : 종기가 나다
吮之 : 빨다
瘉 : 낫다
嘉之 : 아름답게 여기다
賜賚 : 내려주다
紀事 : 일을 쓰다

3

都氏 家貧至孝　　　　　도씨(는) 가빈지효(라)

賣炭買肉 無闕母饌　　　매탄매육(하여) 무궐모찬(이러라)

一日 於市 晩而忙歸　　　일일(은) 어시(에) 만이망귀(러니)

鳶忽攫肉 都悲號至家　　연홀확육(이라) 도비호지가(하니)

鳶旣投肉於庭　　　　　　연기투육어정(이러라)

一日 母病　　　　　　　일일(은) 모병(하여)

索非時之紅柿　　　　　　색비시지홍시(어늘)

都彷徨柿林 不覺日昏　　도방황시림(하여) 불각일혼(이러니)

有虎屢遮前路 以示乘意　유호루차전로(하며) 이시승의(라)

都乘至百餘里山村　　　　도승지백여리산촌(하여)

訪人家投宿 俄而主人　　방인가투숙(이러니) 아이주인(이)

饋祭飯而有紅柿　　　　　궤제반이유홍시(라)

都喜問柿之來歷　　　　　도희문시지내력(하고)

且述己意　　　　　　　　차술기의(하니)

答 曰 亡父嗜柿　　　　답 왈 망부기시(라)

故 每秋擇柿二百個　　　고(로) 매추택시이백개(하여)

藏諸窟中 而至此伍月　　장저굴중(이라) 이지차오월(이면)

則完者不過七八　　　　　즉완자불과칠팔(이라가)

今得伍十個完者　　　　　금득오십개완자(라)

故 心異之　　　　　　　고(로) 심이지(러니)

是天感君孝　　　　　　　시천감군효(라 하고)

遺以二十顆	유이이십과(어늘)
都謝出門外 虎尚俟伏	도사출문외(하니) 호상사복(이라)
乘至家 曉鷄喔喔	승지가(하니) 효계악악(이러라)
後 母以天命終	후(에) 모이천명종(에)
都有血淚	도유혈루(러라)

賣炭買肉 : 숯을 팔아 고기를 사다

無闕母饌 : 어머니의 반찬을 빠뜨리지 않다

忙歸 : 바쁘게 돌아오다

鳶 : 솔개

攫 : 나꿔채다

悲號 : 슬프게 울다

非時 : 때가 아닌

屢遮 : 여러번 가로막다

乘 : 타다

俄而 : 조금 있다가, 얼마 후

饋 : 주다, 대접하다

嗜 : 좋아하다

異之 : 이상하게 여기다

顆 : 낱개

曉鷄 : 새벽 닭

喔喔 : 닭우는 소리

24. 廉義

1

印觀 賣綿於市	인관(이) 매면어시(할새)
有署調者	유서조자(가)
以穀買之而還	이곡매지이환(이러니)
有鳶 攫其綿	유연확기면(하여)
墮印觀家	타인관가(어늘)
印觀 歸于署調 曰	인관(이) 귀우서조(하며) 왈
鳶墮汝綿於吾家	연타여면어오가(라)
故 還汝	고(로) 환여(하노라)
署調 曰	서조 왈
鳶 攫綿與汝 天也	연(이) 확면여여(는) 천야(라)
吾何爲受	오하위수(오)
印觀 曰 然則還汝穀	인관 왈 연즉환여곡(하리라)
署調 曰 吾與汝者市二日	서조 왈 오여여자시이일(이니)

穀已屬汝矣	곡이속여의(라 하고)
二人相讓	이인상양(이라가)
幷棄扵市	병기어시(하니)
掌市官 以聞王	장시관(이) 이문왕(하여)
竝賜爵	병사작(하니라)

> 賣綿 : 솜을 팔다
> 墮 : 떨어뜨리다
> 屬 : 속하다
> 相讓 : 서로 사양하다
> 幷棄 : 함께 버리다
> 掌市官 : 시장을 담당하는 관리

2

洪公夔燮 少貧甚無聊	홍공기섭(이) 소빈심무료(러니)
一日朝 婢兒踊躍	일일조(에) 비아용약(하고)
獻七兩錢 曰	헌칠양전(하며) 왈
此在鼎中 米可數石	차재정중(하니) 미가수석(이요)
柴可數馱 天賜天賜	시가수태(니) 천사천사(니이다)
公驚 曰	공경왈
是何金	시하금(고)
卽書失金人推去等字	즉서실금인추거등자(하여)

付之門楣而待	부지문미이대(러니)
俄而姓劉者來問書意	아이성유자래문서의(어늘)
公悉言之	공실언지(한대)
劉曰 理無失金於人之鼎內	유 왈 이무실금어인지정내(하니)
果天賜也 盍取之	과천사야(라) 합취지(닛고)
公 曰 非語物 何	공 왈 비어물(에) 하(오)
有府伏 曰	유부부복 왈
小的 昨夜 爲窃鼎來	소적(이) 작야(에) 위절정래(라가)
還憐家勢蕭條而施之	환연가세소조이시지(러니)
今感公之廉价 良心自發	금감공지염개(하여) 양심자발(이라)
誓不更盜 願欲常待	서불갱도(하고) 원욕상시(하나니)
勿慮取之	물려취지(하소서)
公卽還金 曰	공즉환금 왈
汝之爲良則善矣	여지위량즉선의(나)
金不可取 終不受	금불가취(라 하고) 종불수(라)
後 公 爲判書	후(에) 공(이) 위판서(하고)
其子在龍	기자재룡(이)
爲憲宗國舅	위헌종국구(하며)
劉亦見信	유역견신(하여)
身家大昌	신가대창(하니라)

婢兒 : 계집종

踊躍 : 깡총깡총 뛰다

鼎中 : 솥 가운데

柴 : 땔감

馱 : 바리

推去 : 찾아가다

門楣 : 문설주

盍 : 어찌 ~아니하는가

俯伏 : 엎드리다

小的 : 소인

昨夜 : 지난 밤

窃 : 훔치다

蕭條 : 쓸쓸하다

廉价 : 청렴한 절개

誓 : 맹세하다

國舅 : 임금의 장인

大昌 : 크게 번창하다

3

高句麗平原王之女	고구려평원왕지녀(는)
幼時 好啼	유시(에) 호제(러니)
王戱曰 以汝 將歸愚溫達	왕희왈 이여(로) 장귀우온달(하리라)
及長 欲下嫁于上部高氏	급장(에) 욕하가우상부고씨(한대)
女以王不可食言 固辭	여이왕불가식언(으로) 고사(하고)
終爲溫達之妻	종위온달지처(하니라)

蓋溫達 家貧	개온달(이) 가빈(하여)
行乞養母	행걸양모(하니)
時人 目爲愚溫達也	시인(이) 목위우온달야(러라)
一日	일일(은)
溫達自山中	온달(이) 자산중(으로)
貧楡皮而來	부유피이래(하니)
王女訪見 曰 吳乃子之匹也	왕녀방견 왈 오내자지필야(라 하고)
賣首飾	내매수식(하여)
而買田宅器物 頗富	이매전택기물(하여) 파부(하고)
多養馬以資溫達	다양마이자온달(하여)
終爲顯榮	종위현영(하니라)

好啼 : 울기를 잘하다

歸 : 시집보내다

行乞 : 구걸하러 다니다

目 : 가리키다

楡皮 : 느릅나무 껍질

首飾 : 머리장식

頗 : 자못, 제법, 꽤

資 : 돕다

顯榮 : 이름이 드러나고 영예롭게 되다

25. 勸學

1

朱子 曰   주자 왈

勿謂今日不學而有來日   물위금일불학이유내일(하고)

勿謂今年不學而有來年   물위금년불학이유내년(하라)

日月逝矣 歲不我延   일월서의(라) 세불아연(이니)

嗚呼老矣 是誰之愆   오호노의(라) 시수지건(고)

     日月 : 해와 달, 세월, 시간

     逝 : 가다

     延 : 늦추다, 기다리다

     愆 : 허물, 잘못

2

少年易老學難成	소년이로학난성(하니)
一寸光陰不可輕	일촌광음불가경(이라)
未覺池塘春草夢	미각지당춘초몽(하여)
階前梧葉已秋聲	계전오엽이추성(이라)

易老 : 늙기 쉽다
難成 : 이루기 어렵다
光陰 : 짧은 시간
池塘 : 연못
春草 : 봄풀
階 : 섬돌
梧葉 : 오동나무 잎
秋聲 : 가을의 소리

3

陶淵明 詩 云	도연명 시(에) 운
盛年 不重來	성년(은) 부중래(하고)
一日 難再晨	일일(은) 난재신(이라)
及時當勉勵	급시당면려(하라)
歲月不待人	세월부대인(이니라)

盛年 : 젊은 때

不重來 : 거듭 오지 않는다

難再晨 : 새벽이 두번 오지 않는다

勉勵 : 힘쓰다

4

荀子 曰	순자 왈
不積蹞步	부적규보(면)
無以至千里	무이지천리(요)
不積小流	부적소류(면)
無以成江河	무이성강하(니라)

蹞步 : 반걸음

슬기바다 05

명심보감(明心寶鑑)

초판 제1쇄 발행일	1999년 05월 06일
개정판 제1쇄 발행일	2005년 04월 11일
신개정판 제1쇄 발행일	2022년 12월 27일

엮은이	추적(秋適)
옮긴이	백선혜
발행인	이지연

발행처	도서출판 홍익
출판등록번호	제 2020-000321 호
출판등록	2020년 08월 24일
주소	경기도 고양시 백석동 1324 동문굿모닝타워2차 927호
대표전화	02-323-0421
팩스	02-337-0569
메일	editor@hongikbooks.com

ISBN	979-11-91805-12-3 (04100)
	979-11-91805-07-9 (세트)